SAUVE QUI PARLE

Du même auteur :

La parole est un sport de combat, JC Lattès, 2017.
Sur le bout de la langue, JC Lattès, 2019.
Petit manuel pour grand oral, Magnard, 2020.

www.editions-jclattes.fr

Bertrand Périer
avec la collaboration
d'Adeline Fleury

SAUVE QUI PARLE

Quand la parole change la vie

JC Lattès

Maquette de couverture : Le Petit Atelier

ISBN : 978-2-7096-6837-8

Première édition octobre 2021.

Pour Alice, Pauline et Martin,
mes éloquents filleuls !

Avant-propos

La parole s'est invitée dans ma vie, et en a changé le cours, du tout au tout. Ce n'était ni prévu, ni voulu, ni organisé. J'étais avocat mais ne plaidais pas, jugeant l'exercice futile et vain. Par défi, j'ai passé un concours d'éloquence. Sujet : « Avez-vous quelque chose à déclarer ? » Un autre. « Faut-il ouvrir la cage aux oiseaux ? » J'y prends goût. « L'île aux enfants est-elle un paradis ? » Moi, l'ancien timide, je découvre le frisson des joutes verbales en même temps que la puissance de la parole. Avec la foi des convertis, je commence même à enseigner la prise de parole en public. Notamment en Seine-Saint-Denis, dans le cadre du programme Eloquentia, qui forme à cette discipline si exigeante et en même temps si fondamentale des jeunes de quartiers sensibles, en faisant intervenir des metteurs en scène, des humoristes, des slameurs, des recruteurs… et des avocats. Un beau jour, des caméras surgissent dans notre salle de classe. C'est le documentaire *À voix haute*, de Stéphane de Freitas et Ladj Ly, qui est en train de naître. Sa diffusion à la télévision constitue déjà une extraordinaire exposition pour cet enseignement artisanal et anonyme. Viennent ensuite le film, sa nomination aux Césars, des sollicitations que je n'aurais jamais imaginées. Et un premier livre, *La parole est un sport de combat*, dans lequel je raconte ce parcours de réconciliation avec la parole, puis de transmission de ses règles et de ses valeurs. Un deuxième, *Sur le bout de la langue*, hommage rendu à la richesse lexicale du français, et incitation à en explorer tous les recoins. *Sauve qui parle*, maintenant, pour mettre en valeur cette exceptionnelle capacité de la parole à changer les destins individuels et collectifs. Je ne *pense* pas que la parole peut changer la vie : je le *sais*, puisqu'elle a changé la mienne. Et elle a bouleversé tant d'existences, célèbres ou anonymes.

Parce que je crois à la capacité d'entraînement des incarnations positives, j'ai voulu aller à la rencontre de personnalités, connues ou moins connues, qui, par leur trajectoire, leur fonction ou leur expertise, entretiennent avec la parole un lien riche, et dont le destin a été bouleversé par cette conquête. Je revendique l'inévitable subjectivité de ces choix, qui ne couvrent qu'une petite partie du champ infini de cette parole performative, la parole qui a un impact sur le réel.

Au-delà des différences d'approche, toutes ces personnes se sont livrées avec beaucoup de sincérité sur leur appréhension à la fois personnelle et sociale de la parole. Il en ressort, je crois, un désir profond et partagé de dépasser les manichéismes, les invectives et les procès d'intention pour retrouver le sens du dialogue, de l'argumentation, de la confrontation apaisée des idées, du partage des savoirs et des émotions, que seule la parole permet. Dans une époque d'« hystérisation » du débat, attisée par les réseaux sociaux, où règnent les paroles vindicatives et les formules chocs et polémiques, chacun de nos interlocuteurs a mis en avant la subtilité de la parole, la nuance et le temps qui s'y attachent, l'importance de l'écoute et du respect, l'absolue nécessité de restaurer l'altérité, cette acceptation des divergences, cet encadrement de la conflictualité.

Tous s'accordent également sur l'existence d'un regain d'intérêt pour la parole dans la période contemporaine : instauration d'un « Grand oral » au baccalauréat, succès des concours d'éloquence y compris télévisés, mise en œuvre d'un « grand débat » après la crise des gilets jaunes. Ils disent aussi à quel point la liberté de parole est un indicateur de la vitalité démocratique et républicaine d'un pays, combien la libération de paroles jusqu'alors enfouies a permis de faire surgir à la face du monde des comportements constitutifs d'infractions pénales et de fautes morales auparavant ignorées. Tous proclament leur lassitude du clash stérile, des combats de rue oratoires et des paroles stéréotypées et creuses, et leur aspiration à une oralité engagée mais sereine et soucieuse de l'autre.

Nos interlocuteurs, qui se livraient souvent pour la première fois à l'analyse intime de leur rapport à la prise de parole, en ont des approches suffisamment diverses pour que chacun puisse trouver dans le parcours de l'un ou plusieurs d'entre eux une source de motivation et d'inspiration. Chaque chapitre s'ouvre par le Portrait de l'invité, suivi de quelques réflexions et conseils pour améliorer l'efficacité et l'impact de votre prise de parole (Sauvetage, mode d'emploi). Des notions clés de l'expression orale sont parfois explicitées (Le coin pédago) et, pour passer de la théorie à la pratique, des situations de prise de parole sont proposées (On joue !).

Dans les pages qui suivent, vous allez donc rencontrer sous un jour nouveau un panel étonnant : un adolescent et un ministre, un champion du monde de football et un sociétaire de la Comédie-Française, un ancien braqueur et un évêque, un humoriste et un militaire, un avocat et un youtubeur, etc. De Guillaume Gallienne à Bixente Lizarazu, de Gabriel Attal à Richard Malka, d'Hugo Travers à Loulou Robert, de Guillaume Meurice à Julia Minkowski, laissez-vous surprendre par ces conquérants du verbe. Comme moi, ils sont convaincus que la parole est une liberté trop précieuse pour n'en pas faire usage, qu'elle est accessible à tous, qu'elle est affaire de détermination avant d'être tributaire de déterminismes, et surtout qu'elle peut bouleverser nos existences individuelles ou collectives si nous nous rassemblons derrière cette bannière exaltante et accueillante : Sauve qui parle !

La parole sauve la jeunesse : Abdallah Semiai, le petit prince de la tchatche

Portrait

« Je m'appelle Abdallah, j'ai onze ans, je suis au collège, je suis un garçon tout ce qu'il y a de plus normal et je lis beaucoup de livres. *Le Petit Prince* est le premier livre que j'ai lu et je le relis chaque année. Et le deuxième ? *Iron Man Extremis*, parce que le personnage de Tony Stark a créé une armure pour sauver le monde grâce aux nanotechnologies. Depuis que je l'ai lu, je sais que je veux être ingénieur. » Il fallait le voir, ce petit bonhomme à la voix encore juvénile, prendre la parole avec un aplomb de professionnel devant une assemblée d'adultes épatés ! À onze ans à peine, Abdallah Semiai avait osé s'inscrire à une conférence TEDx, ces spectacles au succès grandissant au cours desquels des orateurs confirmés partagent leurs connaissances et leurs expériences sur des thèmes divers. Son sujet : « Il n'y a pas d'âge pour agir pour un monde meilleur. » Et comme il incarnait ce credo, exhortant ses auditeurs à « renouer avec les enfants qu'ils étaient » ! Peut-être une réminiscence de la réflexion de Saint-Exupéry dans la dédicace du *Petit Prince* : « Toutes les grandes personnes ont d'abord été des enfants. (Mais peu d'entre elles s'en souviennent.) » C'était en mars 2019, et rien qu'à l'évocation de ce souvenir, Abdallah a encore des poussées d'adrénaline. « C'était une sensation incroyable, un grand frisson, j'étais exactement à ma place, bien dans mes baskets. Dès que j'ai lancé la première phrase, tout est venu facilement. Sur scène, quand j'ai commencé à ouvrir la bouche, c'était magique, je ne contrôlais pas ce que je disais, j'étais porté par un flot de paroles, et la peur avait entièrement disparu. » Depuis, le collégien ne pense qu'à recommencer, rode des discours devant sa maman qui est son auditrice la plus intransigeante. Abdallah n'est pas qu'un rêveur, il veut du concret. Tout petit déjà, il avait conscience du fait que grâce à ses idées et à sa capacité à convaincre, il pouvait améliorer le quotidien des autres. Un été, pour faire comprendre à sa sœur la notion d'argent et les opérations mathématiques, il vend avec elle des confiseries dans son quartier des Grands-Champs à Thiais. Les recettes contribueront au financement de la construction d'un puits au Cameroun. Depuis, les projets s'enchaînent, portés par l'enthousiasme inextinguible et communicatif d'Abdallah : création d'une collection de vêtements à destination des enfants malades, financement de la plantation d'arbres à Bornéo, conception de prothèses pour les enfants souffrant de l'atrophie d'une jambe ou d'un bras, modélisation d'un manche télescopique et mobile, le spray gun « In extremis », permettant aux personnes en fauteuil roulant de pratiquer le *street art* en maniant avec précision la bombe de peinture.

Le lien entre ces engagements ? Le désir de combiner modernité et générosité. Et aussi la volonté de les défendre par la parole. Car ce qui aurait pu n'être pour Abdallah qu'un moyen est devenu une passion en soi. L'éloquence fait désormais partie de sa vie. Admirateur revendiqué de Grand Corps Malade et d'Oxmo Puccino, il prend un plaisir grisant à parler devant un public, à polir des figures rhétoriques, à manier les mots pour partager ses convictions. L'art oratoire a détrôné le football au Panthéon de ses passions. « La parole, c'est un véritable couteau suisse, répète-t-il, fier de sa formule. Grâce à elle je peux convaincre et tenir une conversation d'égal à égal, même si je viens d'un quartier prioritaire. J'utilise des techniques d'art oratoire à l'école, dans ma famille, auprès de mes amis. L'art oratoire, pour moi, ce n'est pas simplement un atelier de 16 à 18 heures. »

Aîné de sa fratrie, fils d'un directeur de centre de loisirs et d'une mère en reconversion dans le numérique, Abdallah a toujours eu des facilités pour la prise de parole. « J'étais un enfant très bavard, avec plein d'idées qui me traversaient l'esprit, mais j'avais un énorme problème : je ne savais pas écouter les autres. Or écouter l'autre, c'est la clé. J'ai toujours su prendre la parole en public, mais maintenant j'apprends à structurer mes idées pour convaincre, à parler avec réflexion, à ménager des silences. » L'aisance d'Abdallah à l'oral vient de sa pratique régulière et précoce de la lecture. « Ma mère m'a transmis sa passion, quand j'avais envie d'un livre mes parents m'ont toujours dit oui, c'est une grande chance. Je suis étonné que la plupart de mes copains ne lisent jamais. Pour moi, c'est impensable. Je trouve que souvent les gens de mon âge ont un vocabulaire d'une grande pauvreté, ils se gâchent leur avenir. » Il découvre le goût des mots avec Saint-Exupéry, les mythes grecs, les livres de super-héros mais aussi Victor Hugo avec *Le Dernier Jour d'un condamné* dont la précision du vocabulaire et la richesse des descriptions l'époustouflent : « Vous vous rendez compte, il arrive à décrire la lumière qui passe à travers la fenêtre de la cellule du condamné, c'est magnifique. » Abdallah a vite compris les trésors que le dictionnaire recélait. « Dès que j'ai su lire, j'ai joué avec le dictionnaire. Je cherchais des mots, et ensuite j'essayais de les replacer dans des phrases. J'ai toujours aimé la belle langue, les belles phrases bien construites, les rédactions. » Sur Internet, Abdallah se passionne pour les joutes verbales d'avocats, il regarde des concours d'éloquence sur YouTube. « La parole est un passeport, il faut savoir s'en emparer. Quand on parle bien, on peut sortir de son milieu, s'épanouir, rencontrer des gens qui ne nous ressemblent pas. C'est pourquoi j'ai décidé de créer un club d'art oratoire dans mon collège pour favoriser la prise de parole, leur faire comprendre que la parole peut leur permettre de réussir, de sortir de leur condition, de leur quartier. Peu importe d'où ils viennent, ils peuvent être écoutés. Moi, je ressens un frisson en parlant, je veux le leur transmettre. »

Selon Abdallah, la place qu'on offre aux jeunes dans le débat public est bien trop accessoire. « Si je schématise, les jeunes écoutent, les adultes parlent et décident. Il est urgent que les jeunes et les très jeunes prennent la parole et soient écoutés. » D'après lui, « il n'y a pas d'âge pour agir pour un monde meilleur », il le clame dès qu'il en a l'occasion. « Nous, les enfants, passons notre vie à rêver sans toujours essayer de rendre nos rêves possibles. » Lui, s'il prend la parole, c'est pour « non pas sauver le monde, mais aider mon monde. Et c'est déjà pas mal, à mon échelle d'adolescent de quatorze ans ». Abdallah déplore le manque de figures charismatiques représentant la jeunesse, dans tous les domaines, pour porter encore plus de combats : aller plus loin dans la lutte contre le réchauffement climatique, endiguer les catastrophes sanitaires, défendre la liberté d'expression. Profondément choqué par l'assassinat du professeur d'histoire-géographie Samuel Paty, le 16 octobre 2020 à Conflans-Sainte-Honorine, le collégien, d'origine tunisienne par son père et algérienne par sa mère, n'est pas sur la même longueur d'onde que la plupart de ses camarades qui placent la religion au-dessus de la liberté d'expression. Il estime qu'il y a encore fort à faire pour que « la parole tolérante se diffuse chez les jeunes ». Et il entend bien y contribuer.

Sauvetage, mode d'emploi

J'ai rencontré Abdallah pendant le premier confinement. Puisque nous étions alors, par la force des choses, isolés, et que je ne pouvais plus enseigner la prise de parole en public de façon classique, j'ai animé, tous les lundis soir, une session d'art oratoire en *live* sur Instagram. Chaque semaine, nous nous retrouvions pour échanger conseils et expériences, et pour nous lancer des défis oratoires. J'ai été frappé, et heureusement surpris, par la jeunesse des participants à ces rencontres, et par le talent absolument hors du commun de certains d'entre eux. Au premier rang desquels Abdallah qui, chaque semaine, depuis sa chambre d'adolescent, nous offrait tantôt un coup de cœur, tantôt une révolte, tantôt une évocation poétique, toujours un moment de grâce, de talent et de sincérité.

L'engouement des jeunes pour l'éloquence ne se dément pas, quatre ans après la première diffusion d'*À voix haute*. Je n'ai évidemment pas la prétention de penser que ce film est à l'origine de ce regain d'intérêt. Mais pour avoir participé, comme beaucoup de mes camarades d'Eloquentia, à de nombreuses projections-débats dans des établissements scolaires, je ne puis que constater le formidable accueil réservé par les enseignants et les élèves à ce documentaire, qui a parfois servi de déclic à des initiatives pédagogiques autour de la prise de parole dans les collèges et lycées. Pourquoi cela ? Peut-être parce qu'*À voix haute* – je le dis d'autant plus aisément que je l'ai découvert une fois monté, et que je ne suis pour rien dans sa construction – est, précisément, un documentaire, et non une fiction. Pas de scénario préétabli, pas de rôles assignés, des cameramen et preneurs de son si discrets qu'on finissait par les oublier (ou qui participaient aux exercices !), aucune assurance d'une quelconque diffusion au moment du tournage : tout cela a notablement contribué à la sincérité des comportements, qui n'ont été pollués par aucun histrionisme. C'est ainsi que le documentaire relate de façon fidèle l'aventure humaine d'une trentaine de jeunes qui, au fil de six samedis de cours (le temps paraît pourtant distendu !) puis environ autant de concours, se familiarisent avec la parole, qu'elle soit théâtrale, poétique, humoristique ou argumentative, et trouvent leurs mots, leur style pour dire leurs aspirations ou leurs opinions.

À titre personnel, cet enseignement a bouleversé mon approche même de la parole. Je suis arrivé en Seine-Saint-Denis pétri de certitudes sur la façon d'enseigner l'éloquence, ce que je faisais déjà à Sciences Po depuis quelque temps, et je comptais bien répliquer cet enseignement, issu des traditions du barreau. Cela n'a pas tenu dix minutes, et j'ai vite compris que la prise de parole, loin d'être l'application mécanique de schémas prédéterminés et d'idées préconçues sur ce que doit être un discours, était d'abord et avant tout une affaire d'introspection et de sincérité, qu'elle pouvait prendre des formes diverses (sketch, poésie, slam, théâtre, discours) dès lors qu'elle exprimait de façon juste des convictions et des émotions authentiques.

Depuis le tournage d'*À voix haute*, Eloquentia a pris une tout autre ampleur. L'« artisanat » des débuts s'est structuré, et des milliers de jeunes, du primaire à l'université, ont été formés à la prise de parole en public partout en France et même à l'étranger. Saint-Denis, où j'enseigne chaque année avec un égal bonheur, reste en quelque sorte notre « port d'attache », notre « canal historique » ! Eddy habite toujours à la campagne et a réalisé son rêve de devenir comédien, Souleïla est institutrice, Leila est journaliste et dirige une radio, Elhadj est entrepreneur social. Tous ont gagné en confiance en eux, et nous avec.

Cette jeunesse, c'est aussi celle d'Abdallah : engagée, vaillante, pragmatique, optimiste. Et de la même façon qu'Eddy a gagné le concours Eloquentia à sa seconde participation, Abdallah, tout infiniment doué qu'il soit, reconnaît lui-même que certaines de ses interventions sont moins réussies que d'autres. C'est que la parole ne se donne jamais ni facilement, ni définitivement. Mais Eddy comme Abdallah, loin de se décourager, ont su repartir à l'assaut avec humilité et envie.

Dire que la parole sauve la jeunesse est un acte de volonté, presque une pétition de principe. Je sais bien qu'Abdallah, Eddy et les autres constituent une minorité au sein d'une jeunesse de plus en plus rétive à la parole, qu'elle trouve tantôt inaccessible, tantôt suspecte. Je constate aussi le penchant de nombreux jeunes pour les images éphémères et les conversations monosyllabiques.

Mais c'est précisément parce que nous sommes et serons tous jugés sur notre capacité à prendre la parole en public – même si cela peut paraître injuste, partial, réducteur ou subjectif – et parce que la parole est un marqueur social, que la transmission des codes de l'expression orale est essentielle au dépassement des avenirs tout tracés et à la lutte contre la discrimination par le langage que le linguiste Philippe Blanchet a dénommée « glottophobie ».

De ce point de vue, la création en 2021 d'une épreuve de « Grand oral » au baccalauréat est éminemment symbolique. Elle a été très critiquée, certains considérant qu'elle était discriminante et lésait les candidats issus de milieux moins favorisés culturellement. Je crois le reproche injuste. Si l'on postule que l'un des rôles de l'école est de favoriser l'insertion des élèves dans la vie sociale, économique, politique, on n'échappe pas au constat que cette insertion passe en particulier par la parole. Ce n'est pas l'épreuve du « Grand oral » qui est discriminante, c'est la parole. Pour réduire ces inégalités, il faut donc que l'école s'empare de la question de l'oralité et ne l'abandonne pas aux prédispositions des élèves et aux initiatives des familles.

Cet enseignement correspond d'ailleurs incontestablement à une demande. Beaucoup de jeunes sont en effet sensibles à la beauté et au pouvoir des mots. C'est ainsi que se multiplient les concours de lecture à voix haute – au premier rang desquels celui qu'organise François Busnel pour *La Grande Librairie* sur France 5 à l'attention des lycéens et collégiens, qui diffuse largement, grâce aux sélections dans les établissements scolaires, le goût de la déclamation –, les concours d'éloquence – qui ne sont toutefois pertinents que s'ils constituent un encouragement pour tous les élèves à prendre la parole, et non simplement une vitrine qui met en lumière les plus doués et inhibe les autres –, les clubs de débat, etc. Et le président de la République a fait, en juin 2021, de la lecture une « grande cause nationale ».

Mais il reste encore beaucoup à faire pour que la France rejoigne, sur ce point, les pays anglo-saxons où, dès l'école primaire, à un âge où le regard des autres n'est pas une difficulté, les enfants sont familiarisés à la prise de parole spontanée, naturelle, insouciante, par la pratique quotidienne du « *show and tell* », cet exercice où un élève apporte un objet qu'il décrit à l'ensemble de ses camarades.

Car au-delà de l'esthétique de la langue, c'est bien à l'importance de la parole comme acte de citoyenneté qu'il faut sensibiliser la jeunesse. Rappeler qu'étymologiquement, le mot « converser » signifie « vivre ensemble » et qu'il n'a commencé à vouloir dire « parler ensemble » qu'au XVIIe siècle. Vivre ensemble, c'est donc d'abord parler ensemble.

Et dans cette conversation, la jeunesse ne peut être sauvée que si sa voix est entendue.

Écoutons donc davantage, sans la caricaturer car elle n'est pas illégitime, la parole de la jeunesse. Elle nous parle de causes plus que d'idéologies, de réalisations concrètes plus que de principes abstraits, d'ambitions vitales plus que de rivalités dérisoires. Elle nous donne une leçon de sens et d'engagement.

Et rappelons-nous, pour faire plaisir à Abdallah, une dernière réflexion du *Petit Prince* : « Les enfants doivent être très indulgents envers les grandes personnes. »

On joue !

La chasse aux mots imposés

Le jeu se joue à trois.
Une première personne choisit un texte imprimé (un extrait de livre, un article de journal, une revue) et surligne dans ce texte dix mots. Le joueur doit faire un discours (raconter sa plus belle soirée, parler d'un ami, évoquer son sport préféré) en incluant, dans l'ordre, les dix mots surlignés. Le troisième joueur doit repérer dans le discours les mots que l'orateur aura placés par contrainte. S'il en trouve moins de sept, l'orateur a gagné.
La clé, pour l'orateur, est non seulement d'inclure les mots obligés de la façon la plus fluide possible dans le discours, mais également de mettre l'autre joueur sur de fausses pistes en insérant des mots complexes ou inattendus qui pourraient paraître « forcés ».

La parole sauve Internet : Hugo Travers, le jeune homme qui décrypte l'actualité

Portrait

Il a l'actu dans le sang, l'ambition du partage et du décryptage. Hugo Travers n'a que vingt-quatre ans et sa parole vaut de l'or chez les quinze/vingt-cinq ans. Il met du sens dans le flot quotidien des informations inondant les réseaux sociaux, aide à faire le tri dans la parole digitale, l'éclaire sans jamais donner de leçon. Il incarne ce qui se fait de mieux sur le net : un îlot pédagogique dans un océan souvent indigent.

L'ancien étudiant de Sciences Po Paris a créé en 2015 la chaîne de vulgarisation Hugo Décrypte, qui totalise des centaines de milliers de vues par jour. S'y mêlent interviews d'hommes et de femmes politiques (le président Macron figure parmi ses interlocuteurs les plus prestigieux), reportages d'immersion, décryptages de l'actualité en quelques minutes, déconstruction de fake news et de rumeurs.

Considéré comme l'une des principales sources d'information pour les jeunes sur les réseaux sociaux, Hugo Travers est aussi devenu le porte-voix de toute une génération. Durant la crise sanitaire, il tend son micro à des jeunes. On ne les voit pas à l'écran, on entend juste leur voix, leur détresse, leurs angoisses, la précarité matérielle et psychologique dans laquelle ils s'enfoncent peu à peu. « On n'en peut plus », « Impression que cela ne sert à rien, que tout cela ne va jamais se terminer », « Je suis toute seule dans un 17 m^2 », « À 8 heures j'ouvre mon ordi, à 22 heures je le ferme, et à 22 h 30 je me couche »… Hugo répercute l'appel à l'aide de toute une génération. Le message passe par les tremblements, les souffles, les sanglots parfois. « On sent dans ces enregistrements la toute-puissance de la parole, la parole brute sans fioritures, sans l'image qui perturbe parfois », dit-il.

Hugo Travers a toujours été passionné d'actualité, et aussi loin qu'il remonte dans ses souvenirs d'enfance, du côté de Ville-d'Avray, il y a toujours eu le rêve du journalisme, un virus transmis par son père, de nationalité anglaise, qui l'emmenait assister à l'enregistrement des émissions de radio associative qu'il faisait pour les patients de l'hôpital

Ambroise-Paré. Lui comprend très vite que les jeunes se détournent des médias traditionnels, parce que la parole y est trop jargonnante. « Il y avait urgence à offrir aux jeunes une parole simple, adaptée, décryptée, sans tomber dans le langage familier pour autant. Je recherche le bon mot et l'efficacité. » S'attaquer aux nouveaux territoires que sont Internet et les réseaux sociaux grâce à un traitement vraiment accessible, s'épargner les codes et les formules toutes faites du journalisme des canaux traditionnels, jugé trop hermétique : « Quand je vois qu'on continue de parler de la place Beauvau sans préciser qu'il s'agit du ministère de l'Intérieur, de la Chancelière sans expliquer de qui on parle... Désolé, mais tous les jeunes ne le savent pas ! »

« Il faut trouver un ton, être dans la pédagogie sans tomber dans la condescendance, être vif sans s'enfermer dans le registre de la blague qui éloigne de la mission d'informer. » Hugo est persuadé que sa génération est fâchée avec la parole paternaliste du sacro-saint JT de 20 heures. Il cite le travail de Samuel Étienne sur Twitch, le ton plus naturel qui attire les jeunes vers ce type de contenus.

Plus son audience grandit, plus Hugo Travers est conscient de sa responsabilité et fait preuve de vigilance autant dans la vérification des informations que dans leur accessibilité. D'autant que les commentaires des internautes peuvent être acerbes : « À la moindre erreur, on se fait allumer. »

Ce produit de la culture digitale connaît parfaitement les mauvais côtés de son univers. S'il déplore « le cynisme des réseaux sociaux, une parole souvent violente et polarisée, une forme d'hystérisation du débat », Twitter reste son réseau social préféré. « La parole y est tellement libre, poussée à l'extrême, on s'habitue au fait que les retours soient amplifiés. C'est une parole engagée. »

Le jeune homme, qui a participé à son premier meeting jeune ado – Jean-Luc Mélenchon en 2012 –, a à cœur de faire le lien entre la jeunesse et la politique. « Je ne crois pas qu'il y ait un désintérêt des jeunes pour la chose politique mais il y a un rejet des façons traditionnelles de faire de la politique, jugées vieillottes et plus très à jour. » C'est pourquoi en 2016, il donne la parole aux principaux candidats à la présidentielle. Cinq ans après, il trouve rétrospectivement qu'il manquait de travail proprement journalistique pour proposer de meilleures questions, et de meilleures relances. Vite repéré par les chaînes classiques, il ne se dérobe pas et n'hésite pas à interpeller Marine Le Pen sur les fake news pendant dix minutes, en direct sur France 2, en mars 2019. Aujourd'hui, il est sollicité par les cabinets ministériels et même par l'Élysée pour accueillir la parole politique. Au risque de passer pour le « jeune de service ». Pour éviter cet écueil, il assure qu'il fera en sorte de muscler sa parole, de la rendre encore plus libre et de ne jamais se détourner de sa mission première : sauver de l'ignorance.

Sauvetage, mode d'emploi

Plus d'un million d'abonnés sur Instagram et sur YouTube, près de 200 000 sur Twitter, près de 150 000 sur Twitch, c'est peu dire que la parole d'Hugo Travers porte, et notamment auprès des jeunes. Ce succès tient en un mot, celui qu'il s'est choisi comme marque, autant que comme pseudonyme : Hugo décrypte. Dans une actualité complexe, foisonnante, Hugo trie, explique, abrège. Il fait passer l'information sous les fourches caudines des exigences de la jeunesse : clarté, rapidité, neutralité. Le tout sans trahir.

Face à cette « réduction » de l'actualité, on peut évidemment s'offusquer, et se désoler que les jeunes ne lisent plus la presse traditionnelle, désertent les analyses approfondies et fuient les émissions où se déploient les réflexions d'éditorialistes avisés. Mais on peut aussi saluer le travail d'Hugo Travers qui maintient l'intérêt de la jeunesse pour l'actualité, et évite que le lien s'étiole définitivement entre la génération Y et le monde qui l'entoure. Hugo Décrypte, c'est le plus petit dénominateur commun de l'information et c'est déjà beaucoup.

Le succès d'Hugo Travers montre aussi l'incapacité de l'« ancien monde » à parler au « nouveau monde ». Il faudrait entre les deux un « médiateur », et Hugo serait celui-là.

À cet égard, les récentes tentatives de divers responsables politiques pour s'adresser spécialement aux jeunes sur les réseaux sociaux sont l'occasion d'aborder une question majeure de la prise de parole en public : celle de la trilogie essentielle de l'art oratoire, ethos, pathos, logos.

Selon cette théorie, le logos (c'est-à-dire le discours argumentatif) est le produit de la combinaison de l'ethos (l'image que l'orateur veut donner de lui) et du pathos (l'idée qu'il se fait de l'auditoire et des arguments susceptibles de le convaincre).

L'ethos et le pathos déterminent donc, en tous domaines, les deux questions qu'il faut se poser avant de prendre la parole en public.

D'abord, la question de l'ethos : dans cette prise de parole, comment voudrais-je apparaître ? Courageux ? Crédible ? Compétent ? Moderne ? Drôle ? Sympathique ? Simple ? Cultivé ? Sage ?

Ensuite la question du pathos : qui est mon interlocuteur ? Qu'attend-il de ma prise de parole ? Qu'a-t-il entendu avant ? Qu'entendra-t-il après ? Que sait-il déjà du sujet que je vais aborder ? Est-il hostile ou favorable à mes idées ? Est-il plutôt libéral ? Conservateur ? Urbain ? Jeune ?

Si l'on applique cette grille à la parole politique destinée à la jeunesse, plusieurs interrogations surgissent. Sur l'ethos : les responsables politiques doivent-ils chercher à donner une image jeune, ou doivent-ils assumer leur âge ? Doivent-ils imiter les modes de communication de la jeunesse ou doivent-ils uniquement se servir de ces canaux de communication sans rien céder sur la forme ou le fond du propos ? Doivent-ils donner une image d'enthousiasme ou de responsabilité ? Sur la question du pathos : quelles sont les attentes de la jeunesse quant au message du politique ? Quels sont les thèmes et les valeurs auxquels la jeunesse est sensible ? En m'adressant aux jeunes, est-ce que je ne cherche pas plutôt, en réalité, à montrer à la population entière que je parle aux jeunes ?

Par la parenthèse qualitative qu'il y représente, Hugo Travers met aussi en évidence, en creux, combien les réseaux sociaux contribuent à la polarisation, à l'hystérisation et donc à une certaine dégradation du débat public. Il y a là, évidemment, un effet du raccourcissement des messages, difficilement compatible avec la nuance de la pensée. Mais pas seulement. Une étude menée sur le réseau social chinois Weibo a montré que les messages les plus relayés, diffusés, commentés et aimés étaient ceux dans lesquels figure l'émoticône « colère ». C'est dire que les algorithmes des réseaux sociaux, qui vivent de l'attention que portent les internautes aux messages qui y sont publiés, surexposent – et donc encouragent – les messages les plus violents.

Les réseaux sociaux présentent, du point de vue de la rhétorique qui s'y déploie, une autre particularité : ces réseaux permettent à tout un chacun de diffuser ses opinions à une audience planétaire. Auparavant, le marché de la parole publique était caractérisé par une forte barrière à l'entrée : n'avaient voix au chapitre que les journalistes, professeurs, politiques, savants, etc. Cette barrière a disparu, et l'audience d'un message est désormais indépendante de la légitimité de son auteur. Non pas que les hiérarchies de parole aient disparu, mais le critère de la compétence a cédé face au critère de la popularité : « Dis-moi ton nombre de followers, je te dirai si tu es crédible. » C'est ainsi que la parole d'une starlette de la téléréalité peut valoir davantage que celle d'un professeur au Collège de France.

C'est précisément avec tout cela que rompt de façon salutaire Hugo Travers, dont la parole pertinente et percutante sauve une partie de la jeunesse d'une déconnexion définitive avec l'actualité, et sauve Internet de ses pires errements. L'information, plutôt que l'agression ; l'influence, plutôt que les influenceurs. La preuve que tout désert a ses oasis.

Éloquence et visioconférence

La pandémie de Covid-19 a banalisé le recours à la visioconférence, et donc bouleversé notre rapport à la parole en entreprise. Voici quelques règles pour conserver une parole efficace en dépit de cette contrainte.

D'abord, raccourcir son propos. Parler, c'est avoir pitié de ceux qui vous écoutent. Plus encore lorsqu'ils sont éloignés, dans des environnements peuplés de dérivatifs d'écoute (ces distractions multiples qui nous entourent). Il faut donc faire bref, précis, clair.

Ensuite montrer davantage encore son implication. Puisque le langage non-verbal est réduit à sa plus simple expression, « encadrés » que nous sommes dans des écrans d'ordinateur, il importe que la voix soit particulièrement modulée, variée et articulée, pour que le propos soit intelligible, et que l'orateur montre son investissement dans son discours.

Également marquer très clairement la fin de ses interventions. En présence, il est plus facile de faire sentir que l'on a terminé de parler. À distance, il peut exister un flou, et il importe donc de veiller à clôturer très fermement son propos pour que la parole passe.

Enfin s'assurer que chacun a pu s'exprimer. En temps ordinaire, la présence physique permet de n'oublier personne dans un tour de table. À distance, le risque est grand qu'un participant soit littéralement perdu de vue. Il faut donc que la parole circule entre tous ceux qui souhaitent la prendre.

On joue !

Regarde-moi !

Le regard est essentiel dans la prise de parole en public. C'est par lui d'une part que l'orateur maintient le contact avec ses interlocuteurs et capte leur attention, d'autre part qu'il peut lire sur leur visage la réaction que suscite son propos et adapter celui-ci en conséquence. Le regard doit donc en permanence être porté vers l'auditoire (il ne se passe rien au sol ni au plafond !) et si celui-ci n'est pas trop vaste se déplacer aléatoirement sur chacun sans fixer personne ni oublier quiconque.
Voici un petit jeu pour être certain que vous respectez cette consigne. Faites une petite allocution devant un public de quelques personnes (jusqu'à une vingtaine). Chaque personne lève la main la deuxième fois qu'elle a eu le sentiment que vous la regardiez personnellement. Vous ne pouvez pas terminer sans que toutes les mains soient levées.

La parole sauve de l'embrigadement des esprits : Gérald Bronner, l'homme qui murmurait à l'oreille des crédules

Portrait

Il a opéré sa « déclaration d'indépendance mentale » lorsqu'il était étudiant, par la découverte de la sociologie et de l'ethnologie. Il a mis la rationalité au cœur de sa réflexion et de son rapport au monde. Gérald Bronner, professeur à l'université Paris-Diderot, est un sociologue singulier ayant à cœur d'ouvrir les sciences humaines aux neurosciences et aux sciences cognitives. Il est devenu un spécialiste des croyances collectives et des thèses complotistes, pour mieux les déconstruire. À l'ère de la toute-puissance d'Internet, d'une parole mise sous pression et souvent manipulée, il traque les fake news, les théories farfelues qui se répandent sur la toile et s'immiscent dans la pensée collective. Pour lutter contre cette « épidémie de crédulité », la parole est une arme dont on ne peut se passer.

Gérald Bronner a toujours été à l'aise avec la parole. Une éloquence qui détonnait dans le quartier populaire où il a grandi dans la banlieue de Nancy. Mère femme de ménage, père parti tôt du domicile familial, l'enfant Bronner n'a pas conscience d'évoluer dans un milieu social défavorisé. « J'ai mis du temps à comprendre que j'étais pauvre. Quand j'étais petit, je pensais que nous appartenions à une classe moyenne supérieure, car je me comparais à mon environnement direct. Un environnement brutal. J'ai compris plus tard au collège et au lycée que j'étais plus pauvre que je ne le pensais, en me confrontant à la profession des parents des autres, à leurs vêtements, aux lieux de leurs vacances. Mais cela ne m'a jamais traumatisé. » Si Gérald Bronner avait le sentiment d'appartenir à une classe sociale supérieure à la sienne, c'est parce qu'il avait une aisance rare dans l'usage de la parole. « Je parlais bien et cela me conférait un sentiment de distinction. Le rapport au langage des autres m'étonnait, leur façon brutale de s'exprimer. Enfant, je parlais fort comme on le fait avec des personnes qui ne comprennent pas. J'avais un petit côté singe savant mais je n'étais pas mis en quarantaine pour autant. »

Il ne s'explique pas vraiment l'origine de sa belle parole. « Je n'ai pas grandi entouré de livres ; à la maison, il y avait la Bible et un livre sur les extraterrestres. J'ai été mis à l'école assez tard, en dernière année de maternelle. Donc je me suis beaucoup ennuyé à la maison, cela a développé une grande créativité. Je jouais avec des petits morceaux de bois, je passais des heures à me raconter des histoires, le rapport à la conceptualisation et à la langue a dû s'enraciner ici. » Plus tard, au lycée, Gérald Bronner traverse une période d'inhibition, plus question de prendre la parole en public. Il est incapable de répondre à l'oral aux questions de ses professeurs, questions dont il connaît pourtant les réponses. « J'avais peur d'entendre ma voix résonner dans la classe. » À l'université, d'abord en tant qu'étudiant puis en tant qu'enseignant, la parole de Gérald Bronner s'affûte. « Il ne suffit pas de transmettre une connaissance. Il faut choisir la forme qu'on lui donne, pour que ce soit bien mémorisé. Être éloquent implique une part de confiance en soi, et notamment l'acceptation de son image en public. La représentation que l'on se fait de soi-même à travers le regard des autres est extrêmement importante. En ce sens, l'éloquence est une sorte de prophétie auto-réalisatrice. »

Aujourd'hui, le professeur Bronner prend beaucoup de plaisir dans l'enseignement à la controverse, au débat. Il déplore cependant que dans le milieu universitaire, la parole soit trop souvent dévoyée. Parfois, elle aboutit plus à obscurcir qu'à clarifier. « Certains universitaires instaurent par la parole une forme de pouvoir, de mise à distance par une technicité surjouée ou factice. Or, il n'y a rien de plus beau que l'extrême complexité qui s'éclaire. Je n'ai jamais autant d'émotion que lorsque je découvre en direct un nouveau concept par la clarification verbale, je me sens accoucher de quelque chose. C'est une forme de maïeutique. »

Gérald Bronner a appris cependant à se méfier de la parole, qui peut tout aussi bien être vecteur d'idées justes que d'idées fausses.

Donald Trump, explique-t-il, est le premier à utiliser les fake news à la fois comme un glaive et un bouclier. Il les diffuse autant qu'il affirme les dénoncer. Ainsi, dans les débats, l'ancien président des États-Unis martèle l'anathème « Fake news ! » afin de ne pas avoir à apporter de réponses argumentées. Il s'engage dans un monde social dans lequel il autorise à ne pas croire le discours d'un journaliste qui va lui déplaire et donc déplaire à ses partisans. En brandissant ce « Fake news ! », il met ces derniers à l'abri de la vérité. « Il s'agit d'un monde alternatif où la vérité qui préside complaît aux idées de ses partisans. » Selon Bronner, sur les réseaux sociaux, des fanions d'alerte vont orienter les individus dans des mondes sociaux particuliers qu'on appelle « chambres d'écho », des mondes où l'on entend toujours les mêmes arguments. Ce sont en quelque sorte des îles dans un océan d'information qui vont nous protéger des vérités que l'on ne veut pas admettre. « Si l'on compare la rhétorique politique de Donald Trump à celle des présidents des États-Unis précédents, on remarque la baisse de la richesse du vocabulaire et de la puissance analytique du propos et paradoxalement l'insistance sur la confiance dans le discours, martelée à coup de “je suis certain”… des termes qui affectent l'assurance de ses affirmations. » Trump caricature cette tendance : faiblesse dans les propos et outrance dans l'affichage de la confiance.

C'est également ce qui est marquant, selon Gérald Bronner, avec la parole du professeur Didier Raoult durant la pandémie de Covid-19. « Avec le professeur Raoult, on se situe pleinement dans la rhétorique du gourou, du leader charismatique. Il ne s'embarrasse pas de l'échange honnête avec un interlocuteur. Les partisans applaudissent, se sentent rassérénés. Il s'agit de démagogie cognitive. » C'est ainsi que les théories du complot se diffusent, « elles vont dans le sens de nos intuitions, elles surfent sur la question de savoir « à qui profite le crime » qui correspond à un grand penchant de l'esprit humain. On consomme de la friandise cognitive parce que c'est plus facile ».

Ce que la parole a créé, seule la parole peut le déconstruire. C'est ce qui guide Gérald Bronner dans ses travaux. De septembre 2016 à début 2017, il s'est rendu dans le centre de prévention de la radicalisation de Beaumont-en-Véron (Indre-et-Loire), aujourd'hui fermé. Il a raconté cette expérience dans un essai intitulé *Déchéance de rationalité*[1]. Il a suivi des jeunes embrigadés par l'idéologie djihadiste. L'un des outils les plus efficaces pour lutter contre l'embrigadement de la pensée demeure la parole. À condition de ne pas chercher à remplacer une parole par une autre, ni de mettre les récits en concurrence. « Quand un croyant radicalisé est mis devant un démenti, cela le place dans une forme d'insécurité identitaire, c'est une mise en danger de soi-même, et cela risque de renforcer ses croyances. Il va avoir tendance à se rasséréner sur ce qu'il est. » Comment les ramener sur le chemin de l'indépendance mentale ?

En les faisant parler de leurs croyances selon le « sophisme de profondeur explicative » : avec les croyants radicalisés, les membres des sectes tout comme avec les complotistes, il faut sans les contredire leur demander de mieux nous expliquer leur croyance. « Souvent ils développent une rhétorique pleine de creux qu'ils vont combler par des hypothèses fantastiques spectaculaires, qu'il sera plus facile de déconstruire. » Mais le chemin est long vers le « décillement ». « L'une de mes élèves qui a travaillé sur les sectes assure qu'il faut six à huit ans pour sortir du processus d'embrigadement. »

1. Gérald Bronner, *Déchéance de rationalité*, Grasset, 2019.

Pour Gérald Bronner, nul doute : « la parole cherche à protéger les autres », à les « soigner », tout au moins à les « immuniser ».

Sauvetage, mode d'emploi

J'ai rencontré Gérald Bronner grâce à Michel Eltchaninoff, rédacteur en chef de *Philosophie Magazine*, qui nous avait proposé un « entretien croisé » pour conclure un numéro de la revue consacré à l'éloquence. Indépendamment de ses qualités intrinsèques d'orateur, que j'avais déjà remarquées pour avoir assisté à l'une de ses conférences, Gérald Bronner m'a ouvert à un champ nouveau qui m'a immédiatement fasciné : les rapports entre neurosciences et rhétorique, qui sont au cœur des théories du complot auxquelles l'épidémie de Covid-19 a donné une nouvelle occasion de pulluler.

Gérald Bronner s'attache à instiller de la rationalité dans des discours qui en sont dépourvus, en mettant en évidence les biais cognitifs – c'est-à-dire les schémas de pensée qui distordent notre perception de la réalité – sur lesquels ces discours reposent. En cela, il nous permet de déjouer des stratégies argumentatives venant au soutien de thèses séduisantes en apparence mais fausses en réalité, c'est-à-dire très précisément la définition du sophisme.

Je ne suis évidemment pas un spécialiste de ces biais, mais certains d'entre eux me paraissent particulièrement importants pour construire ou déconstruire une rhétorique, et montrer ainsi que la parole peut nous sauver des fake news tout autant qu'elle en produit.

D'une façon générale, la rhétorique complotiste repose sur l'idée qu'il n'y aurait pas de hasard, que des faits apparemment disparates et sans lien s'inscriraient en réalité dans un plan secret, inaccessible au plus grand nombre, organisé par des puissances occultes. C'est l'effet dit « Othello » : rassembler artificiellement des éléments épars pour en faire une histoire d'apparence cohérente, permettant de tout rapporter à une explication unique. Il y a là l'illustration même du biais de dévoilement : notre aversion pour des faits non expliqués nous pousse à toujours vouloir trouver une cause à un événement, et plus encore une cause unique à des événements disséminés. Et puisque cette rhétorique se nourrit du postulat que les apparences sont trompeuses, elle fait des tenants de la théorie explicative englobante les « élus » capables de déjouer le mensonge officiel pour accéder à une vérité que les naïfs, prisonniers des discours majoritaires, ne savent pas décrypter. La séduction de l'explication globale et le sentiment de supériorité : deux biais que la rhétorique complotiste a exploités à l'envi. Avec l'effet imparable d'inclusion des opposants à cette rhétorique dans le complot lui-même : en tentant de mettre en lumière l'absence de complot, les opposants s'efforcent de détourner ceux qui voudraient connaître la vérité et prouvent encore plus l'existence dudit complot.

Cette rhétorique repose encore sur d'autres biais, tout aussi éclairants. Ainsi du biais de confirmation, qui fait que parmi les informations qui nous sont massivement données, notamment par les réseaux sociaux, nous avons tendance à ne retenir que celles qui viennent confirmer ce que nous croyons déjà, et à négliger celles qui remettraient en question nos convictions (le raisonnement commence par la fin, on part du résultat auquel on veut aboutir, et on le démontre ensuite, quitte à tordre le réel), et du biais de disponibilité, qui nous conduit à ne chercher que les informations qui sont aisément disponibles (et l'on sait que les algorithmes des réseaux sociaux sélectionnent les informations qu'ils nous transmettent en fonction de nos préférences, ce qui accentue encore ce biais).

Trois autres encore, dont l'identification est essentielle pour nous sauver des discours cherchant à flatter nos instincts neuropsychiques pour emporter notre conviction. L'effet de simple exposition, d'abord, qui fait que nous portons un jugement plus favorable sur un élément que nous avons déjà vu ou entendu (et sur lequel repose la publicité selon le principe du « vu à la télé »). Les esprits sont ainsi « préparés » à des annonces en amont de leur officialisation par des messages avant-coureurs qui rendent la nouvelle plus « acceptable » lorsqu'elle survient. La confusion entre causalité et chronologie, ensuite, qui nous pousse à voir dans un fait la cause d'un autre fait, alors que le second est simplement postérieur au premier (par exemple : je suis malade le lendemain d'un jour de pluie, j'ai tendance à imputer ma maladie au mauvais temps, alors qu'elle peut résulter d'autres facteurs). Le fameux effet Dunning-Kruger, enfin, qui veut que l'on se sente d'autant plus assuré de savoir, et donc d'autant plus assertif, que l'on ne sait que peu de choses sur le sujet abordé : notre connaissance étant la mesure de notre ignorance, les moins scrupuleux sont les plus assertifs.

Le champ des neurosciences mérite absolument d'être pris en compte en rhétorique : il constitue un garde-fou de rationalité, une sorte de guide d'autodéfense pour se déprendre des tentatives de séduction (au sens étymologique de « conduire vers soi ») auxquelles nous sommes en permanence exposés.

D'une façon générale, l'éducation aux techniques argumentatives, la « mise à nu » des discours, l'explicitation de leurs ressorts, le démontage de leur mécanique me semblent constituer une œuvre de citoyenneté essentielle. Eux seuls nous permettent de ne pas prendre pour argent comptant les discours que nous recevons, à exercer en permanence notre esprit critique, à toujours demeurer sur nos « gardes oratoires ». Car éloquence et rhétorique devraient toujours aller de pair : si l'éloquence porte un enjeu esthétique, la rhétorique porte un enjeu démocratique, celui de la différence entre l'adhésion éclairée et l'embrigadement manipulé.

On joue !

S'adapter à son auditoire

Un discours ne peut être persuasif que s'il est bien adapté à l'auditoire auquel il est destiné. Pour le sentir, je vous propose de vous mettre dans la situation d'un maire qui vient d'être élu à la tête de sa commune. Vous faites votre premier discours devant, successivement : votre garde rapprochée de campagne, le conseil municipal, les responsables de votre parti, les bailleurs de fonds de votre campagne, les militants de votre équipe, les salariés de la municipalité, le comité des commerçants.

Le coin pédago

Plaire, instruire, émouvoir

Cicéron disait que les trois fonctions de l'art oratoire étaient de plaire, d'instruire et d'émouvoir (*delectare*, *docere*, *movere*). Chacun de ces registres peut correspondre à une partie du discours. L'accroche doit plaire, avec, si le sujet le permet, une forme de légèreté. Cela peut passer par le récit d'une anecdote, un trait d'humour, un mot sympathique pour l'auditoire. Le corps du discours doit instruire. Il est sur le registre de l'argumentation rationnelle, de la conviction. Enfin, la fin doit émouvoir. Elle doit emporter l'adhésion par l'appel aux sentiments (la générosité, la solidarité, l'honneur).

La parole sauve de l'inhibition : Alexis Jenni, la réconciliation par la parole

Portrait

Un esprit vif, fin, animé d'une soif de savoir insatiable. Une pensée qui va vite, très vite, mais qui pendant longtemps est restée suspendue sur le bout de la langue. Un blocage qui a des conséquences pour Alexis Jenni dans son rapport au monde, au point d'être en retrait, de ne pas trouver sa place dans le corps social. La parole, l'écrivain auréolé du prix Goncourt 2011 pour *L'Art français de la guerre*[1] l'a longtemps convoitée, comme un amoureux transi devant une femme intouchable. « Oh, comme j'ai pu la désirer, la parole ! Moi

1. Alexis Jenni, *L'Art français de la guerre*, Gallimard, 2011.

qui ne parvenais à rien, qui restais muet au point qu'on aurait pu me refermer la bouche au ciment prompt sans que personne ne s'en aperçoive, même pas moi », écrit-il dans son court essai *Prendre la parole*[1]. Il raconte la solitude, l'inquiétude sinon l'angoisse de prendre la parole, de prendre place dans le monde des humains. Rares sont les personnes ayant été un temps dans le tourbillon médiatique qui osent à ce point confier leur handicap par rapport à la parole. Quand on le connaît un peu, et qu'on le voit échanger dans les salons du livre, en tête-à-tête avec ses lecteurs, ou sur une estrade lors de conférences, on se dit qu'il a le verbe facile, la parole fluide, érudite et agréable. Difficile d'imaginer un rapport complexe à la parole.

Bègue, même si le diagnostic n'a jamais été posé par un spécialiste, le romancier a bien eu une parole contrariée de la fin de son enfance au début de sa vie d'adulte. « J'avais une grosse difficulté à faire démarrer mes phrases, ce qui m'empêchait d'entrer dans une conversation à plusieurs. Je n'arrivais pas à m'insérer dans le flot des mots, à me glisser dans les interstices, à couper la parole, ce qui pose problème dans une conversation à la française, où l'on aime à se marcher les uns sur les autres. » Longtemps, Alexis Jenni en est resté aux balbutiements, au mieux aux bredouillements. S'ensuivent

1. Alexis Jenni, *Prendre la parole*, Éditions du Sonneur, 2019.

la honte, le rouge aux joues et le souffle trop court jusqu'à l'étouffement. Et ce sentiment singulier de ne pas exister. Saisir la parole est en effet une façon de se sentir vivant, de se donner le droit d'être en vie. Alexis Jenni l'écrit en préambule de son essai : « Qu'est-ce que la vie signifie pour moi, si ce n'est tout bêtement de prendre la parole et que jaillisse à travers moi la parole continuée, celle qui ne s'interrompt pas. »

La parole sauve de l'inexistence, donc. « Le bègue, c'est quelqu'un qui n'est jamais assuré d'avoir sa place dans le monde, donc il bredouille. Un type qui parle bien a la certitude d'avoir une place dans le monde. C'est un problème de légitimité de la présence. »

Comment faire, en effet, pour s'affirmer quand pendant près de vingt ans la parole a été une « galère » ? Enfance quasi muette, adolescence bègue, entrée dans l'âge adulte embarrassée… Et pourtant, Alexis Jenni a choisi l'enseignement pour métier. Professeur de biologie au lycée Saint-Marc de Lyon, il va être obligé de prendre la parole, en public, avec la responsabilité de transmettre un savoir, d'éveiller des consciences. « J'étais passionné de culture scientifique, il me tenait à cœur de la transmettre. » Le cadre de la salle de cours l'a rassuré et l'a aidé à délivrer sa parole. « Dans l'enseignement, il y a quelque chose de bien cadré, l'estrade, les horaires, le programme, c'est une façon très confortable de se mettre à parler. J'ai commencé un peu raide, déversant de grands flots continus de parole, avec peu d'écoute de la part des élèves. Puis j'ai appris à gérer le rythme, à changer d'activité, à être concis dans l'expression. J'ai appris en me trompant beaucoup. L'échec en classe est sanctionné par le flottement de l'attention, le chahut. J'ai peu à peu placé ma voix, mon corps, appréhendé l'espace. » Le professeur Jenni racontait sa matière plutôt qu'il ne l'imposait. Il a vécu cette vingtaine d'années d'enseignement comme un joyeux petit théâtre de la parole.

Dans l'ombre, ce gros lecteur avait trouvé un autre mode d'expression, l'écriture : « C'était compliqué de parler aux gens, la littérature est un espace musical où la langue est possible. L'écriture littéraire m'a longtemps servi de guide pour parler aux gens, donc j'avais une parole un peu empesée, crispée. J'ai longtemps parlé comme un livre. À la quarantaine, s'est opérée en moi une sorte de mutation, je me suis rendu compte que la parole est le moteur caché de la littérature. La littérature, c'est dire des choses, c'est s'adresser. J'ai donc arrêté d'être un snob littéraire pour dire des choses aux gens. Ma parole s'est en partie formée sur mon écriture et mon écriture est en partie portée par ma parole, il y a un lien très intime entre elles. »

Pendant vingt ans, Jenni a écrit des romans avortés, des manuscrits mis de côté, jusqu'à la publication miraculeuse de *L'Art français de la guerre* et le non moins miraculeux prix Goncourt. Il avait quarante-huit ans. Depuis, comme s'il devait rattraper le temps perdu, il publie un roman tous les deux ans, des essais, des collaborations, des chroniques dans *La Croix*. Il a trouvé sa voie, pour porter sa voix. Son écriture est très musicale, comme si ses écrits étaient destinés à être lus à voix haute. « J'ai l'impression de faire de la musique, moi qui suis un passionné de jazz, c'est jouissif. Certains auteurs, quand je les lis, je les entends. Ce que j'aime, c'est la musique de la langue, les micro-inflexions. Je retrouve ça également en écoutant les gens parler, leurs modulations, la matière même de leur parole, je scrute ça presque inconsciemment. Cela procure des plaisirs intenses ou des déplaisirs quand ça grince. Une seule page suffit à voir si la personne est dans un espace de parole qui me convient. »

Depuis 2011 et l'exposition médiatique, la parole d'Alexis Jenni s'est déployée, au point même d'être source de joie. « Dans ces situations, je change de voix, je prends ce que j'appelle ma voix de théâtre, ça m'aide à entrer dans l'espace de la parole. Il y a comme un décollement du réel et là, la parole peut s'improviser et découler. » Mais comme tous les anciens mutiques, l'écrivain connaît des rechutes. « Au téléphone, par exemple, quand il n'y a pas d'extra-verbal, je me remets à bredouiller. J'ai du mal à parler quand il n'y a pas de connivence, alors je ressens les mêmes symptômes qu'adolescent. » Le bègue n'est jamais loin, il guette en embuscade : « Il m'arrive encore au moment de lancer la phrase, de sentir une petite tension, comme le nageur qui se crispe avant de plonger. Oui, je sens la petite crispation du bord, ce n'est jamais sûr. La phrase intérieurement, je la sens un peu fripée sur le bord, je ne suis pas à l'abri d'une chute, je peux encore trébucher, c'est toujours un peu miné. » Mais désormais, c'est bien grâce à la parole partagée qu'Alexis Jenni s'inscrit pleinement dans l'humanité. « On peut être ermite, mais c'est secondaire. Fondamentalement, l'homme est un être de parole. Je n'arrivais pas à prendre part à cela, grâce à l'enseignement, et surtout à l'écriture, je peux moi aussi participer. »

Sauvetage, mode d'emploi

Beaucoup, sans doute, se reconnaîtront dans le parcours de réconciliation qu'Alexis Jenni a accompli avec la parole. Il illustre à quel point la phobie de prendre la parole est répandue dans notre société. Certains sondages qui hiérarchisent les peurs des Français la placent même, paradoxalement, devant la peur de la mort ! Selon les enquêtes, entre la moitié et les trois quarts des Français disent ressentir une difficulté à prendre la parole en public. Cette difficulté peut se traduire par des symptômes physiques (tremblements, tachycardie, panique, bouche sèche, raideurs musculaires), par des pensées négatives (peur d'être ridicule, impression de malaise) et par des comportements sociaux (évitement de la parole).

Pourtant, rien n'est plus naturel que de prendre la parole. Nous le faisons quotidiennement, dans les situations les plus banales de l'existence. La prise de parole en public, c'est la prose de M. Jourdain : on la pratique sans le savoir.

D'où vient alors cette glossophobie si répandue ? Probablement d'une forme d'angoisse de performance qui nous a été inculquée dès notre plus jeune âge. Nous avons été très tôt éduqués dans l'idée que la parole se méritait (les enfants n'y ont pas accès, c'est d'ailleurs l'étymologie même du mot : « infans », celui qui n'a pas la parole), et qu'elle devait être parfaite comme le serait un écrit. Alexis Jenni le rappelle : on dit d'un enfant qui s'exprime bien qu'il « parle comme un livre ». Mon maître Marc Bonnant ajoute, facétieux : « Petit, on disait de moi que je parlais comme un livre, avant de me réjouir je demandais qui est l'auteur. » Au-delà de la boutade, l'idée que la belle parole serait nécessairement une imitation de l'écriture est la pire source d'autocensure et d'inhibition qui soit.

Il faut absolument se départir de ce postulat pour lui en substituer un autre : parler, c'est faire le deuil de la perfection. À l'écrit, le message est tout entier contenu dans les mots employés et l'on peut modifier un texte à l'infini pour ne le rendre public qu'une fois qu'on le juge satisfaisant. À l'oral, c'est tout l'inverse : les mots ne sont qu'une petite partie du message (l'orateur dévoile sa personnalité et offre à juger ce qu'il est autant que ce qu'il dit), et il n'existe pas de brouillon que l'on pourrait corriger. Comme les écrivains ont leurs ratures et les peintres leurs repentirs, les orateurs doivent se donner le droit à l'erreur, à l'accroc, au lapsus, au bafouillement, à l'hésitation, au savonnage. Ce sont d'ailleurs ces scories, ces imperfections qui, lorsqu'on n'en abuse pas, confèrent une épaisseur humaine à la parole. Les discours formellement parfaits, lus, sont souvent d'un ennui mortel car ils ne sont qu'une oralisation de l'écrit. Or, la parole, faite de chair et de sang, de spontanéité et de risque, n'a rien à voir avec la lecture à voix haute ou la récitation. Elle ne saurait être parfaite, par nature.

Je vais le dire un peu abruptement : je n'ai que faire de la perfection formelle de la parole. La parole n'est pas un objet de vitrine ou de musée. Les orateurs qui me touchent sont ceux dont la parole révèle l'effort : je pense par exemple à Virginie Delalande, qui avait participé à la première édition du *Grand Oral* de France 2 et qui, sourde de naissance et ayant construit pas à pas une voix qu'elle n'a jamais entendue, avait offert à la France entière un témoignage bouleversant d'enthousiasme et d'espérance.

Réaffirmons donc la singularité de la parole : heurtée, bousculée, hésitante mais toujours vivante.

Et assumons les mots qui se dérobent : lorsque la parole n'est pas fluide, lorsque l'angoisse surgit, il faut absolument la nommer pour la faire disparaître. Dire : « La prise de parole n'est pas un exercice naturel pour moi », « Je vais faire de mon mieux pour m'exprimer devant vous mais je ne vous cache pas que j'appréhende ce moment », c'est faire du public, non plus une masse hostile, mais un allié de votre discours. Rien ne sert de tenter de paraître à l'aise si on ne l'est pas : partager ses émotions, les assumer, les exprimer, c'est les dédramatiser, comme une soupape de sécurité. Peur avouée, à moitié envolée.

Alexis Jenni en parle très ouvertement : rien n'est jamais définitivement acquis dans la maîtrise de l'art oratoire. Cette discipline est une affaire d'image de soi et de confiance en soi. Or cette confiance est extraordinairement friable et le moindre échec peut remettre en cause des années de progrès : la confiance arrive en marchant, mais part en courant. C'est la raison pour laquelle une fois que l'on a accepté de sortir de sa zone de confort, d'affronter ses peurs et de les dépasser pour partager ses convictions et ses émotions, une fois que l'on a tiré le fil de la pelote, il n'y a d'autre solution que de saisir toutes les opportunités d'expression orale pour rendre l'exercice banal et quotidien. Le tout, surtout, sans se fixer d'objectifs inatteignables : on ne monte pas une échelle dont le premier échelon est situé à deux mètres du sol.

Le parcours d'Alexis Jenni me touche également parce qu'il s'est sauvé de la timidité par l'enseignement. Cela fait inévitablement écho à mon parcours. Ayant évolué dans un système scolaire focalisé sur l'écrit, c'est seulement à l'école d'avocat que j'ai reçu mes premiers cours d'expression orale. Encore ceux-ci étaient-ils dispensés non par des avocats, mais par des comédiens, parmi lesquels un jeune acteur qui ignorait sans doute la notoriété qui allait être la sienne : Franck Dubosc ! C'est donc en passant des concours d'éloquence et en écoutant les autres participants à ces concours, que je me suis formé, empiriquement et intuitivement, à la prise de parole en public. Ce n'est que par la suite, lorsqu'on m'a proposé d'enseigner cette discipline, que je me suis documenté à son sujet.

Enseigner la prise de parole en public est une expérience étonnante : on enseigne la parole par la parole, le moyen et l'objet de l'enseignement se confondent. Et puisqu'à Eloquentia les élèves sont libres de leurs mouvements, et peuvent donc « voter avec leurs pieds » en quittant un cours s'il ne les intéresse pas, nous avons d'autant plus l'obligation de maintenir leur intérêt.

Mais au-delà de cette situation particulière, et finalement très privilégiée, Alexis Jenni nous permet de redire l'importance du rôle des enseignants qui, dans des conditions souvent difficiles, face à des classes nombreuses et parfois turbulentes, transmettent jour après jour par la parole des savoirs, des savoir-être et des valeurs, parfois au péril de leur vie. S'il y a une parole qui sauve – qui sauve de l'ignorance bien sûr, mais qui sauve aussi la République –, c'est bien la parole des salles de classe.

On joue !

Jeu de mains, jeu de malin

Les jeux de mime sont innombrables, et permettent de prendre pleinement conscience de l'importance de l'implication du corps dans la parole. On peut par exemple demander à chaque joueur d'écrire un mot sur un papier puis de tirer un papier à tour de rôle, de mimer le mot, le premier qui a deviné le mot mimé a gagné. Et voici un autre : un premier joueur va raconter une histoire impliquant deux personnages. Cette histoire va être jouée « en temps réel », à côté du narrateur, par deux autres joueurs, qui vont ainsi devoir s'adapter au récit. Ce jeu permet de développer à la fois l'imagination et la parole de l'orateur, et l'écoute et la richesse de gestes des mimes.

Le coin pédago

Les phases de construction du discours

Les amateurs de rhétorique connaissent tous ce livre essentiel, un temps attribué à Cicéron mais aujourd'hui anonyme : la *Rhétorique à Herennius*. Y sont exposés les éléments essentiels de l'art oratoire, et notamment les cinq temps successifs qui mènent à l'élaboration du discours. Chacun de ces temps correspond à une qualité de l'orateur qu'il faut toujours conserver à l'esprit.

- La première phase est l'invention. Elle est la phase de recherche des idées et des arguments. Parler, c'est d'abord avoir quelque chose à dire, et l'invention permet que le contenu du discours soit riche et informé.
- La deuxième phase est la disposition. Elle est la phase où l'on ordonne ses arguments dans un plan. La construction du discours est essentielle. Elle force l'orateur à organiser et à structurer sa pensée dans une succession logique. Elle permet à l'auditoire de suivre le propos et de savoir où l'orateur en est de sa démonstration.
- La troisième phase est l'élocution. Il s'agit de trouver les bons mots, les bonnes expressions, les images les plus efficaces pour incarner les idées. Sans nécessairement aller jusqu'à écrire totalement le discours, il est important d'avoir

quelques mots-clés ou expressions fortes qui serviront de jalons.

- La quatrième phase est la mémorisation. Un discours, même écrit, ne peut jamais être totalement lu. Dans ce cas, autant remettre le script aux auditeurs ! La lecture totale déconnecte l'orateur de l'auditoire, et conduit souvent à une intonation trop mécanique et trop rapide. Il importe donc, avant de prendre la parole, de bien connaître les étapes essentielles de son intervention.
- La cinquième phase est l'action. Elle correspond au moment où le discours est prononcé, dans sa dimension physique (le regard, les gestes, la posture, l'attitude, la respiration) et vocale (variations de débit et d'intensité, silences).

La parole sauve de la délinquance : Bruce Dombolo, le braqueur de mots

Portrait

Le 26 novembre 2019, un grand costaud s'avance timidement devant les membres du CESE (Conseil économique social et environnemental). Il a trois minutes pour convaincre. Trois minutes pour toucher les conseillers qui constituent la troisième assemblée de la République. Dans le palais d'Iéna, on consulte, on écoute, on questionne. Bruce Dombolo n'est pas du sérail politique. Dans l'hémicycle, face à lui, un visage lui est connu, celui de la garde des Sceaux de l'époque, Nicole Belloubet. L'ordre du jour porte sur la réinsertion des personnes détenues. Si ce jour-là Bruce Dombolo doit prendre la parole, c'est pour témoigner de son expérience. Il va droit au but. « Je sors de dix ans de prison, j'ai un bracelet électronique, je totalise deux incarcérations, je suis donc dans ce qu'on appelle la récidive légale. » Pas un mot dans l'assemblée, la voix de Bruce se déploie doucement puis, emporté par la sincérité de son propos, l'ancien détenu prend confiance et libère sa parole. Avec des mots simples, efficaces. « Avec du recul, je me suis rendu compte que je suis devenu un délinquant en prison. C'est la prison qui m'a formé, c'est pourquoi j'appelle la prison le centre de formation de la voyoucratie. » Sans un accroc, sans un faux pas, le jeune homme poursuit son argumentation. Il ressent quelque chose de puissant, il se sent écouté. Des applaudissements viennent clore son discours. Il sort du palais d'Iéna, des collégiens le hèlent, ils étaient présents dans l'hémicycle et tiennent à le féliciter. Vingt minutes plus tard, son téléphone sonne. C'est le président de Wake up, l'association d'aide à la réinsertion des détenus dont Bruce fait partie. La garde des Sceaux souhaite le revoir et le convie à un petit déjeuner.

Quelques semaines plus tard, l'ex-taulard se retrouve à table avec la ministre, ses conseillers et son directeur de cabinet. Là, il est beaucoup moins à l'aise qu'au CESE. Il essaie de soigner sa langue, mais il ne se sent clairement pas du même monde que ses hôtes. La ministre perçoit son trouble, le met à l'aise : ce qu'elle attend de lui c'est qu'il lui raconte avec sincérité son expérience carcérale. Ce jour-là, il a un déclic, il souhaite devenir « un médiateur entre la société, les élus et le milieu carcéral ». Lui, l'ancien braqueur de bijouteries, a son rôle à jouer et une alliée formidable pour l'aider : la parole.

Quelques mois plus tard, c'est devant un autre public qu'il prend la parole. Il participe à l'émission de télévision *Le Grand Oral*, ce concours d'éloquence diffusé sur France 2 et animé par Laurent Ruquier. Conscient d'être dans une arène de divertissement, il adapte son discours à la situation tout en ne trahissant rien de son parcours. Il se met à nu devant les téléspectateurs et un jury dont j'ai le bonheur de faire partie, en compagnie notamment de l'avocat et futur ministre de la Justice Éric Dupond-Moretti et de la comédienne Isabelle Nanty. « Je n'ai pas la plume d'Oxmo Puccino mais j'ai dû me défendre devant une cour d'assises. Argumenter je connais. » Plutôt que de braquer des bijouteries, son but désormais est de « braquer les oreilles ».

Ce nouveau souffle dans sa vie, il le doit entièrement à la force de sa parole. « La parole m'a sauvé de ce monde virtuel dans lequel je vivais, la délinquance. La révélation de ce mensonge est passée par la prise de parole. Mais pour pouvoir parler, il faut savoir écouter. » À l'origine, Bruce Dombolo avait un autre talent que la parole : le football. Le gamin à la tchatche facile a quinze ans lorsqu'il quitte les quartiers des Pins puis du Liourat de Vitrolles pour entrer au centre de formation du Nîmes Olympique. Il est ensuite sélectionné en équipe de France des moins de seize ans, puis intègre l'AJ Auxerre avant de partir en série A dans l'équipe italienne d'Ancona Calcio. « C'était des années magnifiques. J'ai évolué en professionnel, je signais des autographes. » Il part ensuite pour une équipe espagnole et tout dérape, son club fait faillite. « Je n'ai pas fait le bon choix alors que j'avais les armes pour ne pas faire ce choix, j'écoutais tout sauf les conseils, la parole des autres. J'étais impatient. Il fallait que j'aie tout rapidement : évoluer rapidement, gagner de l'argent rapidement, je n'arrivais pas à me projeter sur le long terme, ne pas attendre la fin du mois pour avoir de l'argent... J'avais le statut d'un joueur professionnel mais mon club ne me rémunérait pas, je n'avais pas la vie bling-bling qui allait avec, j'étais attiré par tout ce qui brille... » Il choisit l'argent facile, enchaîne les vols à main armée et se retrouve incarcéré pour la première fois à vingt-trois ans. « Je faisais un braquage le lundi et j'avais de l'argent le soir-même, je faisais un braquage le mercredi et j'avais de l'argent le soir-même, le vendredi je faisais un braquage juste par besoin d'adrénaline. Aujourd'hui, je ressens cette même montée d'adrénaline lorsque je prends la parole en public. »

Après son premier séjour en prison, à Luynes, il n'est plus le même. « Quand j'y suis entré je n'étais qu'un suiveur, quand j'en suis sorti j'étais un caïd. » Il récidive, est condamné cette fois à dix ans de réclusion. D'abord à la prison des Baumettes à Marseille. Derrière les barreaux, il côtoie les « rois de la pègre », des mafieux des milieux marseillais et corse. Il se fait une place par la musique, il devient le guitariste de l'orchestre de la prison.

« Un jour, alors que j'accordais ma guitare, un gros bonnet m'observe, je sens un poids sur moi, le vieux me dit : “Bruce as-tu quelqu'un dans ta famille qui a eu du pouvoir, roi ou président ? Je sens que tu as en toi une autorité naturelle, si on te prend en main tu peux devenir un très gros voyou, mais si tu choisis d'évoluer vers la voyoucratie, c'est que tu es vraiment un con.” Sa parole a tout remis en question dans mon cerveau, j'ai commencé à me projeter dans une autre vie. J'avais vingt-sept ans, sa parole me remettait dans le droit chemin. »

Bruce est alors transféré à la prison de Réau en Seine-et-Marne. Là-bas il met à profit son aisance dans la prise de parole pour convaincre le directeur de la prison de le laisser fonder un groupe de musique avec ses codétenus. Lors de la première réunion avec les apprentis musiciens, il fixe les règles : « “Moi les gars, ce qui m'a sauvé en détention c'est la musique, pour mener le projet à bien il va falloir que vous acceptiez que ce soit moi qui prenne les décisions cruciales.” Ils m'ont suivi, j'avais cette manière de m'exprimer très pédagogue. Pendant six ans, au sein de ce groupe, j'ai pris conscience du fait que j'arrivais à mettre des mots sur différentes situations et que j'étais compris et entendu. Mes mots pouvaient avoir un impact. »

La parole, Bruce l'utilise beaucoup dans son parcours carcéral. Pour dénouer des tensions et des situations violentes entre détenus par exemple. « Tu as le choix entre user toi-même de la violence pour riposter, mais dans ce cas, tout le monde est perdant, car même celui qui gagne en paie les conséquences, et user de la parole, si tu trouves les bons mots et la bonne tonalité, tu vas réussir à convaincre l'autre de ne pas frapper, là tout le monde est gagnant. »

Bruce Dombolo a également affûté sa prise de parole pour obtenir des permissions de la part de l'administration pénitentiaire et des remises de peine devant les juges. « Normalement, c'est l'avocat qui porte la parole du détenu mais c'est une parole biaisée par le fait qu'il est payé pour la porter, elle manque de sincérité. La plupart des détenus ont du mal à s'exprimer, et même ceux qui savent parler sont mal compris. »

Aujourd'hui, Bruce Dombolo en est certain, la parole est la meilleure arme pour s'en sortir. Et s'il n'a pas réalisé « le casse du siècle » lors du *Grand Oral*, sa vie a changé. Depuis, il a été repéré, a tourné dans un téléfilm, a réussi le casting de la saison 3 de la série *Validé* sur le milieu du rap réalisée par Franck Gastambide. À trente-six ans, l'ex-taulard a monté sa propre association d'aide à la réinsertion, Les Miradors, et intervient en milieu scolaire pour faire de la prévention. Tout ça, parce qu'il n'avait pas la langue dans sa poche.

Sauvetage, mode d'emploi

Les mots de Bruce lors de la deuxième édition du *Grand Oral* m'ont marqué durablement. Une parole à la fois forte, sincère et réfléchie, loin des clichés éculés sur les détenus et l'univers carcéral. Une parole aussi qui permet de nommer les actes que l'on a commis, pour les affronter, les analyser et les rejeter.

Lors des audiences pénales, la question de la parole est évidemment cruciale. Et j'ai souvent été frappé par le fait que les mots les plus forts étaient ceux des protagonistes de l'affaire, plaignants et accusés. Les autres paroles, celles des experts, des avocats, des juges, des procureurs sont trop policées, trop stéréotypées, trop prévisibles pour porter véritablement. Quoi de plus logique somme toute : alors que tous les autres intervenants jouent un rôle (on parle d'ailleurs significativement d'« acteurs du procès »), les protagonistes, eux, jouent leur vie. Ce qui fait naître une parole parfois brute, parfois violente, parfois fragile, parfois entrecoupée de silences, d'interjections ou de sanglots, parfois formellement imparfaite, mais une parole vraie.

Et combien de ces protagonistes m'ont dit : « Si j'avais su m'exprimer, je n'aurais pas fait ce que j'ai fait », ou encore : « Si j'avais eu les mots pour m'expliquer, j'aurais été mieux entendu ». Comme si l'incapacité à verbaliser constituait une prison supplémentaire, une réclusion de la pensée, une détention oratoire. De fait, s'il y a un endroit où la parole peut vous sauver, ou à l'inverse vous condamner, c'est bien les tribunaux.

Souvent, la question clé de l'audience est : « Savez-vous pourquoi vous avez commis cet acte ? » Cette question m'a toujours fasciné, car elle est liée à la notion si mystérieuse de passage à l'acte : qu'est-ce qui fait que dans certaines situations, des personnes qui, ordinairement, contrôlent leurs pulsions, cessent de les maîtriser et « basculent » de l'autre côté de la ligne jaune. La question est pourtant difficile, puisqu'elle supposerait qu'un acte par hypothèse irrationnel (sauf dans des cas très particuliers, l'infraction n'est pas commise après avoir pesé froidement le pour et le contre) trouve une explication rationnelle. Elle est surtout destinée à rassurer le juge sur la question de la récidive : si le prévenu sait expliquer son geste, il ne récidivera pas. Pari audacieux, à n'en pas douter. Toujours est-il que la capacité du prévenu à mettre des mots sur ses actes, à les raconter, à les contextualiser, à les expliquer, à les mettre à distance voire à les regretter, à mettre en œuvre ce double mouvement d'introspection et d'expression qui fonde l'oralité, est considérée comme un gage essentiel de réinsertion.

C'est en partie pour cela que lorsqu'un ami juge, Olivier Saby, m'a proposé de l'accompagner à la maison d'arrêt de la Santé, à Paris, pour donner avec lui des cours de prise de parole en public à des détenus, je n'ai guère hésité. Pendant plusieurs mois, nous avons ainsi accompagné une dizaine de détenus, tous volontaires pour suivre nos séances. Parce que s'il y a bien un droit dont personne ne peut être privé, c'est le droit de devenir meilleur.

Je n'avais eu, jusqu'alors, que des rapports professionnels avec des prisonniers. J'ai découvert dans ces rencontres – nous nous interdisions de demander aux participants les raisons et la durée de leur mise sous écrou – des personnalités attachantes, diverses, attentives au monde « du dehors », animées d'une réelle volonté de s'en sortir et désireuses de faire de leur incarcération un temps « utile ». À l'image de Bruce, nos « élèves » ont montré une formidable capacité à s'interroger sur eux-mêmes et sur leur parcours de vie, à exprimer leurs sensations et leurs frustrations.

De façon très surprenante pour moi qui considérais la prison comme un lieu sinistre, marqué par les rapports de force, l'arbitraire et la violence – ce qu'elle est aussi – nous avons beaucoup et franchement ri. Comme ce jour où nous avions proposé à un détenu le défi suivant : convaincre le directeur de la prison d'installer un jacuzzi dans sa cellule.

Un prisonnier septuagénaire, petit, au visage émacié, très charismatique, respecté par ses codétenus, a livré une démonstration aussi drôle que pertinente. L'installation du jacuzzi s'imposait car la prison (notre prison, puisqu'Olivier et moi jouions le rôle du directeur !) devait être une vitrine, car nous devions être pionniers dans la modernisation des établissements pénitentiaires, car le jacuzzi permettrait d'améliorer le confort, l'hygiène des détenus et ferait baisser les tensions au sein de la prison en devenant un lieu de sociabilité, d'échange et de lien et car nous pourrions en faire un laboratoire de réinsertion, de responsabilisation et donc un vecteur pour lutter contre la récidive !

Derrière l'exercice de style, particulièrement réussi, il avait compris l'une des règles majeures de la rhétorique : une personne vous donne rarement quelque chose pour vous faire plaisir à vous, elle vous le donne plus souvent pour se faire plaisir à elle. Il faut donc, pour obtenir gain de cause, chercher quelle satisfaction votre interlocuteur va éprouver à vous donner ce que vous souhaitez (être en harmonie avec ses valeurs, améliorer son image, se débarrasser d'un problème, être plus efficace, se montrer généreux).

Un dernier souvenir, pour montrer l'importance de porter la parole au cœur de ces zones si éloignées du champ social que sont les presque deux cents prisons de France. Les avocats organisent régulièrement, dans les palais de justice, des soirées de joutes oratoires dénommées Conférences Berryer, du nom d'un célèbre avocat du XIXe siècle connu pour son éloquence exceptionnelle. Il s'agit de soirées au cours desquelles de jeunes avocats s'affrontent à coups de répliques assassines, de bons mots et de réparties humoristiques, sous le regard d'un public avide de passes d'armes verbales et sous la présidence d'un invité d'honneur (écrivain, politicien, comédien, journaliste, etc.). Il y a quelques années, une édition de cette joute a été transposée des lambris de l'île de la Cité au gymnase de la maison d'arrêt de Nanterre. Conduits par l'invité du jour, le journaliste Christophe Hondelatte, nous entrons. Accueil glacial (en prison, les avocats sont les « baveux » et n'ont pas bonne presse, soupçonnés d'être complaisants à l'égard d'un système judiciaire que les détenus honnissent), sifflets, réflexions sexistes sur les consœurs, tout cela commence très mal. Petit à petit toutefois, des rires fusent de part et d'autre, parfois à contretemps, mais jamais à contrecœur. Une franche hilarité gagne, et à la fin nous avons les plus grandes difficultés à partir. Cet après-midi-là, une quinzaine d'avocats et un journaliste ont, par la parole, et en toute légalité, été complices d'une évasion.

On joue !

Le jeu des anecdotes

Le storytelling est une des clés de la prise de parole en public. Pour vous y entraîner, et puisque les concours d'anecdotes font désormais recette jusqu'à l'Élysée, racontez trois anecdotes dont l'une est fausse. Votre adversaire doit deviner laquelle est fausse. Pour corser l'exercice, vous pouvez l'autoriser à vous poser quelques questions.
Une variante : vous pouvez raconter une histoire vraie, tout en y intégrant un élément faux (un personnage, une péripétie, un dialogue), que votre adversaire devra découvrir.

La parole sauve les innocents, et les coupables : Julia Minkowski, des mots pour la défense

Portrait

Son verbe est fluide, vif, généreux. Elle donne beaucoup d'elle par la parole, oscillant entre le ton de la confidence et le verbe affûté d'une professionnelle sûre d'elle. À quarante et un ans, Julia Minkowski est une des avocates dont la voix compte dans le monde des pénalistes. Aux côtés de son associé Hervé Temime, elle défend Bernard Tapie, le cinéaste Roman Polanski ou encore la banque UBS et les laboratoires Servier. L'épouse de l'ancien porte-parole du gouvernement Benjamin Griveaux a participé à l'élaboration du « programme justice » du candidat Macron. Entrée au cabinet Temime en 2006 en stage, elle fait rapidement ses preuves.

Auprès de celui qui était alors son « patron », elle apprend la parole claire, précise, dénuée de virulence. Dépouillée de formules toutes faites et d'effets de manche. « Hervé parle juste, il parle vrai. Il balaie tout ce qu'il qualifie de gonflette oratoire. » Comme lui, Julia Minkowski recherche la « simplicité », réprouve « l'éloquence pour l'éloquence ». Elle cite son mentor : « Hervé dit toujours : une bonne plaidoirie ce n'est pas une plaidoirie à la fin de laquelle vous vous dites que l'avocat parle bien, c'est une plaidoirie à la fin de laquelle vous dites que l'avocat a raison. » Plus que la « belle parole », l'avocate pénaliste a toujours eu à cœur de « convaincre, contredire, argumenter ».

« Dans tous les domaines, je veux prouver que j'ai raison. Oui, j'aime avoir le dernier mot en quelque sorte. Sur le plan professionnel, je peux plaider ma cause et celle des autres. Je peux dire que je sais convaincre mais je ne dirai jamais que je suis éloquente. » Dans les prétoires, Julia Minkowski a noté une évolution de la plaidoirie. « Je suis d'une génération où on a assez peu entendu des avocats qui surjouaient, moi je suis totalement insensible à ça, la parole ridicule et théâtralisée de l'avocat. » Seule exception à la règle parmi les anciens, la parole d'Henri Leclerc, ténor du barreau et infatigable militant des droits de l'homme. « Me Leclerc n'est pas dans la grandiloquence, c'est son intelligence qu'il exprime, c'est sa simplicité, il n'utilise pas un jargon qui peut exclure. » Henri Leclerc fait partie de ceux qui ne plaident pas « pour le plaisir des mots » mais pour qui « seule compte l'efficacité ». Dans son parcours d'avocate, Julia Minkowski a fui l'éloquence. L'étudiante brillante a tout de même participé à la Conférence du stage, le concours d'éloquence ancestral des jeunes avocats. « J'ai calé au troisième tour, j'étais déçue. Aux deux premiers tours, j'avais joué sur le registre de l'humour et de la légèreté, mon sujet du troisième tour était "Peut-on guérir de tous les maux ?" et donc j'ai fait quelque chose de sérieux, qui ne correspondait plus à la case dans laquelle le jury m'avait placée. »

Julia a toujours eu un goût prononcé pour la parole et le débat. Fillette bavarde, elle adorait rester à table avec les adultes. « J'ai eu la chance de grandir dans un milieu où les enfants avaient tout à fait le droit à la parole. Où on ne me parlait pas comme à une enfant. » Et elle a été confrontée très tôt à la belle parole. Son grand-père Alexandre Minkowski était un très grand pédiatre, l'un des fondateurs du premier service de néonatalogie en France. « Mon grand-père était flamboyant, il intervenait à la télévision, sa parole était saluée ; son aisance m'impressionnait, mais je trouvais que sa parole manquait d'intime, c'était une parole experte, froide. »

Consciente de la portée de la parole véhiculée par son métier, l'avocate met toute son énergie dans la préparation de ses plaidoiries. « Lorsque je plaide, je parle pour "sauver quelqu'un" qui est depuis des années acculé. La procédure pénale c'est violent, même quand on est coupable, les prévenus ont toujours le sentiment d'être dans les cordes, prêts à prendre des coups. » Selon elle, il y a quelque chose de l'ordre du magique quand l'avocat se lève pour plaider, le temps est suspendu à la parole de la défense. « C'est le moment où vous dites des choses pour convaincre, où l'on essaie de guérir par les mots la personne que l'on défend. » Julia garde en elle le souvenir de clients pleurant parce que leur parole était portée publiquement dans une grande salle, une parole que personne ne pouvait interrompre et venir mettre en doute à ce moment-là.

« On est à la fois en train de convaincre les juges et les jurés mais aussi de soigner son client. C'est un métier qui s'apparente alors au médical. Mais à l'inverse, quand on sent que malgré les bons mots posés, on n'arrive pas du tout à convaincre, que l'on a un mur devant soi, la parole peut se briser. » Julia Minkowski a vécu une vraie expérience de « parole qui se casse ». « Je plaidais toute seule dans un procès d'assises, dans une ville assez sombre. Je défendais en appel un client que je n'avais pas représenté en première instance. Il avait fait appel dans une affaire de viol qui posait le problème du consentement. Elle avait dix-sept ans et neuf mois, lui dix-huit ans et trois mois. Il avait fait de la prison à la suite de sa condamnation en première instance, j'avais réussi à le faire sortir, le risque était qu'il y retourne. Lors du procès, j'ai tout de suite senti que l'appel lui était préjudiciable, que mes mots ne portaient pas auprès des magistrats. C'était comme si j'escaladais un mur lisse. » Pendant trois jours, Julia sent sa parole se casser, sa voix se bloquer. Le jeune homme a été condamné à un an de plus. L'avocate a du mal à essuyer l'échec. « J'ai mis plus d'un mois avant de retrouver ma voix. Je faisais régulièrement ce rêve : je voyais mon fils alors âgé de deux ans courir sur les berges de la Seine, moi j'étais sur un pont, je voulais lui crier qu'il allait tomber, mais aucun son ne sortait. Ma parole ne pouvait pas sauver mon enfant ! Tout ça parce que pendant le procès je n'avais pas été entendue. »

Elle n'a plus jamais vécu ces moments de blocage de la parole dans l'exercice de ses fonctions. Elle garde en souvenir de grands moments où elle s'est laissé totalement porter par sa plaidoirie. « Quand j'ai plaidé pour Bernard Tapie en avril 2019[1], j'étais enceinte de sept mois et demi. On partageait la plaidoirie avec Hervé Temime, moi j'avais le côté le plus technique du dossier. J'avais écrit de très longues conclusions. J'ai plaidé une heure et quart, les mots coulaient, c'était jouissif, je sentais qu'il se passait quelque chose. À la fin, je me suis assise, physiquement j'étais bien, malgré ma grossesse très avancée qui me fatiguait, l'adrénaline retombait.

1. L'homme d'affaires était poursuivi, avec cinq autres prévenus, pour avoir obtenu frauduleusement un arbitrage qui lui avait accordé 403 millions d'euros en 2008.

Défendre une personnalité très controversée, montrer ce qu'il y a de bon en lui, c'était très excitant ! »

Mais Julia Minkowski a un profond respect de la parole du prévenu, malgré ses failles, malgré ses accrocs. « Sa parole doit primer, beaucoup ont très peur de s'expliquer en public. Il n'est pas facile de faire comprendre à un client comment il doit adapter sa parole, quand on se défend on n'est pas là pour être en totale transparence. » Parfois, la parole du client est tellement forte que l'avocate s'est souvent demandé « ce qu'elle pouvait ajouter à cela » : comment ne pas nuire à l'extraordinaire défense que la personne a réussi à faire d'elle-même ? « Qu'il soit innocent ou coupable ça ne change rien. Il existe de parfaits innocents qui se défendent extrêmement mal, et des coupables qui sont excellents. La qualité de la parole ne veut rien dire sur la culpabilité. »

Par ailleurs, Julia Minkowski préside le Club des femmes pénalistes et déplore devoir toujours se battre pour lutter contre les préjugés machistes dans un milieu très masculin, où la parole des femmes pénalistes est encore trop minimisée, comme si elles n'avaient pas les épaules assez larges, probablement pas la voix assez grave non plus, et ainsi ne pourraient pas être des « ténors du barreau », expression à elle seule révélatrice de l'omniprésence des hommes à la barre.

La parole des femmes avocates souffre justement, selon elle, de ne pas avoir de modèle auquel se référer, dans un métier très attaché à la tradition, à l'histoire[1]. « Il y a évidemment Gisèle Halimi mais elle est moins connue pour ses plaidoiries que pour ses causes, ses actes. Moi j'ai eu la chance de voir plaider Françoise Cotta. » L'avocate a défendu notamment des mères infanticides, des pères incestueux, des accusés médiatiques comme le gardien d'immeuble dans l'affaire Fofana, le frère d'un kamikaze du Bataclan. « Elle a pris le contre-pied des hommes, en chuchotant, elle est très dans l'intime, dans la narration, elle raconte des histoires ; ce que je ne sais pas faire, moi j'ai du mal à parler bas, cela vient de mon ADN familial. » La parole des femmes dans les prétoires est souvent décrédibilisée, si elles haussent le ton, elles sont taxées « d'hystériques », ou alors de maîtresses d'école, de moralisatrices, et si elles parlent bas on va dire qu'on ne les entend pas. « Oui, il y a une réelle difficulté à se positionner dans la plaidoirie en tant que femme. Il faut être le plus naturel possible, pour faire comprendre que ce n'est pas une femme qui plaide, mais un avocat. Il faut occuper ce temps qui est à nous, l'occuper pleinement. Ma parole suit une ligne droite d'utilité tout en acceptant de donner une part de moi-même. Ainsi j'assois ma légitimité. »

---

1. *L'avocat était une femme : le procès de leur vie*, avec Lisa Vignoli, JC Lattès, 2021.

Sauvetage, mode d'emploi

S'il y a une parole qui sauve, dans l'imaginaire collectif contemporain, c'est bien la parole de l'avocat. Omniprésente, elle fascine autant qu'elle révulse. L'avocat est présenté tantôt sous les allures démiurgiques du rempart ultime contre l'oppression, défenseur infatigable de la veuve et de l'orphelin, ultime confident des affres les plus intimes, vigie des libertés individuelles et collectives, tantôt sous les oripeaux du mercenaire sans scrupule, du menteur rémunéré, de la girouette sans foi ni loi, capable par un artifice de procédure habilement débusqué de faire élargir le pire bandit. Paré de toutes les vertus en même temps que de tous les vices, il serait à la fois une sorte de thaumaturge qui guérirait tous les maux par la parole, et un rhéteur hâbleur, baratineur, hypnotiseur, manipulateur usant d'un certain nombre de techniques pour subjuguer son auditoire.

Ces deux images sont également trompeuses. N'oublions pas, d'abord, que l'avocat n'a aucun pouvoir. Il ne fait jamais que défendre, proposer, inciter. *In fine,* c'est toujours le juge qui décide. Et il faudrait être bien présomptueux pour considérer que la parole de l'avocat « ferait » la décision du juge. Il y a deux obstacles à cela : d'une part le fait que le juge conserve évidemment toujours son libre arbitre et n'est donc pas la proie impuissante des mots de l'avocat, d'autre part le fait que dans un procès, classiquement, le juge entend plusieurs avocats soutenant des thèses différentes entre lesquelles il lui appartient de trancher, et que c'est donc bien une concurrence de paroles qui se joue devant lui. C'est donc faire trop d'honneur à l'avocat que de lui attribuer sans réserve les mérites d'une décision favorable, de même que c'est lui faire trop d'opprobre que de lui imputer exclusivement un jugement décevant.

La réalité est simplement que l'avocat a pour fonction, et pour mission, d'être appelé aux côtés (c'est l'étymologie du terme : *ad-vocatus*) d'un justiciable pour mettre ses compétences, et notamment sa parole, à son service.

Et si l'avocat n'a pas de pouvoir, sa parole peut néanmoins sauver, à plusieurs égards. Sauver, d'abord, de l'ignorance bien légitime par les justiciables des arcanes d'un système judiciaire extraordinairement opaque, appliquant des règles toujours plus complexes et faisant du parcours judiciaire un chemin kafkaïen semé d'embûches et parsemé de chausse-trappes. À ce titre, la parole de l'avocat est une parole d'explication au client de sa situation au regard du droit, une parole informative et pédagogique. Conseiller une solution pour protéger un patrimoine, prévenir un litige familial ou professionnel, faire face à une accusation de crime ou de délit : toutes ces situations sont extraordinairement codifiées, et la parole de l'avocat permet d'en connaître les arcanes.

Combien de fois ai-je vu à l'audience des personnes se défendant seules – parfois parce qu'elles croient de façon un peu présomptueuse être seules à même de le faire – se conduire elles-mêmes à leur propre perte, soit que leur parole intervienne à contretemps, soit qu'elle ne porte pas les bons arguments. Il y a un rituel judiciaire, et malheur, bien souvent, à celui qui s'en affranchit. Et à rebours, combien de fois aussi ai-je entendu cette phrase terrible, l'une des pires, qui fait de la parole de l'avocat l'ultime planche de salut : « Maître, est-ce que je vais aller en prison ? », face à laquelle on balbutie quelques banalités (« On va se battre », « C'est le juge qui décide ») pour entretenir un espoir que l'on sait parfois chimérique, mais auquel nous nous raccrochons aussi.

Sauver aussi, parfois, du conflit lui-même. La représentation de l'avocat plaidant, vivant comme une sorte de parasite d'un conflit qu'il aurait tout intérêt à voir perdurer, doit céder devant la réalité d'avocats qui, par le recul qu'ils ont à l'égard du différend qui leur est soumis, parviennent à convaincre leur client qu'un accord est possible, à travers une médiation, une transaction. Là où la parole des justiciables s'est épuisée, la parole des avocats peut prendre le relais pour renouer les fils du dialogue, et préserver une famille, une entreprise, une association, etc., d'un procès dévastateur pour tous, y compris pour la partie qui l'emporterait.

Sauver, enfin, de l'incompréhension. Car la parole de l'avocat n'est pas destinée qu'au juge : l'avocat, à l'audience, parle aussi pour son client, pour faire entendre sa voix, pour relayer ses arguments, pour témoigner de ses émotions. Et l'on sait bien l'importance de cette parole, qui libère au moment où elle est prononcée, parce que l'on ne peut accepter une décision, même défavorable, que si l'on a la conviction d'avoir été défendu autant que l'on a été accusé.

Pour jouer ce rôle salvateur, la parole de l'avocat doit être précédée d'une écoute attentive, dans ce colloque singulier, à l'abri des regards et, idéalement, des micros, avec le client où celui-ci va livrer sa vision du litige. Car au-delà de leur statut et de leur mission, la grande différence entre l'avocat et le juge est que l'avocat connaît le client dans l'intimité que seule peut faire naître une relation de confiance. Le juge, lui, ne connaît du justiciable que ce que celui-ci veut bien laisser transparaître dans ce bref moment qu'est l'audience. La parole de l'avocat consiste donc à transmettre au magistrat cette connaissance du client accumulée à force de rendez-vous, à transformer une parole de temps long en une parole de temps court.

Si la parole de l'avocat est vue comme salvatrice, c'est parce que c'est une parole qui accueille et ne juge pas. Une parole qui vous relie encore au monde lorsque tout s'est effondré autour de vous ou en vous. Une parole qui vous ramène dans la communauté des humains parce que, précisément, cette communauté est d'abord une communauté de parole.

Dire que la parole des avocats peut sauver, c'est se faire l'écho de l'objurgation d'Albert Naud que tous les avocats connaissent et qui pourrait opportunément remplacer notre serment : « Les défendre tous. » Les défendre tous, donc, mais pas n'importe comment, sur la forme comme sur le fond.

Sur la forme, je rejoins absolument le propos de Julia Minkowski. En refusant toute théâtralité et tout surjeu, elle déconstruit opportunément les clichés éculés qui collent à la parole des avocats. Clichés auxquels ont longtemps contribué les avocats eux-mêmes, faisant de la plaidoirie le lieu de toutes les vanités (au double sens du terme...), prenant les prétoires pour une scène et plaidant davantage pour eux-mêmes que pour leurs clients. Mais ces boursouflures, cette emphase, ces emportements, ces effets ampoulés sont d'un autre temps. La parole judiciaire, comme beaucoup de paroles dans le monde contemporain, est désormais d'abord soucieuse d'efficacité et de simplicité. J'en ai la conviction : l'éloquence, et pas seulement l'éloquence judiciaire, ce n'est ni tenter d'impressionner, ni chercher à éblouir, c'est vouloir se faire comprendre, et donc expliquer simplement des problèmes complexes.

La plaidoirie moderne est sobre, directe, concise. Ce qui ne signifie pas qu'elle serait pour autant désincarnée. Au contraire : Henri Leclerc, que cite Julia Minkowski et qui aura été le maître à penser et à plaider de toute une génération d'avocats, a montré toute sa carrière durant que plaider « à hauteur d'homme » était un gage d'efficacité. Éric Dupond-Moretti a lui-même dit qu'il plaidait « Ricard-olives », comme s'il était au comptoir d'un bar et qu'il s'adressait à un ami.

J'ai été frappé, s'agissant de la fascination sociale pour la parole des avocats, du très grand succès rencontré par le spectacle *Plaidoiries* dans lequel Richard Berry restitue des extraits des plaidoiries prononcées dans des affaires célèbres (affaire Ranucci, procès de Bobigny sur l'IVG, affaire des « bébés congelés », etc.). C'est qu'en effet une plaidoirie est par nature un moment unique, destiné à un juge, à la fin d'un procès, pour tenter d'emporter sa conviction. Dissocier la plaidoirie de l'audience qui l'a précédée (parfois pendant plusieurs jours ou plusieurs semaines), en faire un objet esthétique qui vaudrait par lui-même alors qu'on en connaît le résultat, lui donner une portée universelle au-delà du procès pour lequel elle a été conçue, en bref faire d'une parole judiciaire à enjeu un spectacle théâtral sans enjeu, donner une postérité à des plaidoiries qui n'avaient de raison d'être que l'instant de leur prononcé, inscrire l'éphémère dans la durée : tout cela est assez vertigineux. Au théâtre, on va voir Antigone en sachant qu'elle va mourir. Au tribunal, il n'y a que des premières.

Sur le fond, l'avocat est toujours confronté de façon particulière au rapport entre la parole et la vérité. Pour les grands rhéteurs romains, Caton, Cicéron ou Quintilien, la parole est indissociable d'une forme de morale : l'orateur doit être un *bonus vir*, un « homme de bien ». À l'inverse, le sophiste grec Gorgias, mis en scène par Platon dans le dialogue du même nom, considère que l'orateur doit pouvoir convaincre de tout et de n'importe quoi, sans égard pour la vérité ou ses convictions personnelles.

Pour l'avocat, la vérité est souvent insaisissable : par hypothèse, il n'était pas là au moment des faits. Il y aura seulement, à la fin, une « vérité judiciaire », celle du jugement, qui naîtra de la confrontation des perceptions subjectives des différents protagonistes. Lorsqu'il s'agit non de juger mais de défendre, la véritable question, à mes yeux, est celle non de la vérité mais de la crédibilité. C'est à travers ce prisme que je me détermine : ce que me dit mon client est-il crédible ? S'il se dit innocent, je n'ai pas besoin d'avoir la certitude que tel est le cas, il me suffit de pouvoir soutenir, en étant moi-même crédible, qu'il existe à tout le moins un doute qui, parce que c'est la loi, doit lui profiter.

Je connaissais un juge qui disait aux prévenus qu'il croyait coupables mais qu'il ne pouvait raisonnablement condamner faute de preuve : « Je vous relaxe, mais ne recommencez pas ! » C'est dire que la parole du juge peut elle aussi sauver : sauver les principes, tout autant que les apparences !

On joue !

L'éloquence du métro

Contrairement à ce que l'on pourrait penser, le métro peut être un lieu d'éloquence. Voici deux jeux auxquels vous pouvez jouer pendant votre trajet (dans une éloquence évidemment silencieuse !) :

- une personne entre dans la rame : au regard de son allure, de ses expressions, essayez d'imaginer d'où elle vient. Vous pouvez aussi imaginer où va cette personne qui sort de la rame.
- plus difficile : et si vous tentiez de construire un récit en incluant le plus possible de noms de stations de la ligne que vous empruntez ? Une seule station à éviter : La Muette !

Le coin pédago

La théorie des genres

Dans sa *Rhétorique*, Aristote distingue trois genres de discours et précise pour chacun son destinataire, son orientation dans le temps, son objet et le principe qu'il met en jeu.
Le premier genre est le genre « délibératif », qui correspond au discours politique. S'adressant à des assemblées délibérantes, il porte essentiellement sur des faits futurs (le discours politique est souvent programmatique : même s'il peut invoquer le passé, il a pour objet essentiel de présenter un projet d'avenir), vise à exhorter l'auditoire à adopter une règle (ou le dissuader de l'adopter) et doit convaincre de l'utilité de cette règle.
Le deuxième genre est le genre « judiciaire ». C'est celui de la plaidoirie ou du réquisitoire. S'adressant à un tribunal, il porte essentiellement sur des faits passés (le discours judiciaire trouve sa raison d'être dans un événement qui s'est passé et qu'il s'agit de juger, les perspectives d'avenir de la personne qui est jugée peuvent être prises en compte, mais le propos est essentiellement centré sur le passé), oppose l'accusation et la défense, et repose sur le principe du juste et de l'injuste.

Le troisième genre est le genre « épidictique ». Il s'agit du discours d'apparat, de cérémonie : une remise de décoration, un départ en retraite. S'adressant à des spectateurs, il parle du temps présent pour louer ou blâmer un fait ou une personne en mobilisant les valeurs du beau et du laid.

La parole sauve l'entreprise : Paul Chevrillon, l'audace entrepreneuriale

Portrait

Paul Chevrillon a l'entrepreneuriat dans le sang. Son père Cyrille, professeur de finance et de stratégie à HEC, a créé, développé et investi dans des entreprises aussi diverses que les assurances, les spiritueux, l'édition. Pas étonnant qu'à trente-huit ans il soit lui-même son propre patron, animé par un appétit de multiplier les projets. Pour arriver à se lancer dans l'aventure entrepreneuriale, il a dû aller contre sa nature, sortir de sa réserve, surmonter sa peur de prendre la parole en public. « Je ne suis pas un grand communicant, c'est le moins qu'on puisse dire. Pourtant je fais un métier où la parole est essentielle, et je dois en partie ma réussite à ma force de conviction, donc je dois savoir trouver les bons mots », explique le cofondateur de Deskopolitan, entreprise qui conçoit des espaces géants de coworking dans différents quartiers parisiens. Il n'a pas trente-trois ans quand il crée son entreprise, se frotte aux investisseurs et aux banquiers. Comment se démarquer dans le monde florissant des start-up ? Comment donner envie et confiance ? D'abord, avoir un projet solide, singulier. Deskopolitan repense le coworking avec des espaces de travail, des bureaux, des salles de réunion, mais aussi une crèche, une salle de sport, un hôtel, un restaurant. Paul Chevrillon et son associé étaient convaincus par leur projet, condition sine qua non pour pouvoir emporter l'adhésion des investisseurs et banquiers. « Bon, on avait la chance d'avoir un investisseur familial, et l'immobilier représente un risque modéré, la pierre étant un investissement sûr. Mais il fallait bosser le projet, et être percutants dans nos présentations, avoir des arguments en béton, un business plan et un budget prévisionnel qui tiennent, ne pas être hésitants dans la prise de parole ; la forme, le paraître sont importants. D'autant plus quand il s'agit de confier plusieurs millions d'euros à deux trentenaires. Il fallait montrer qu'on avait les épaules solides et qu'on était crédibles. Et cela passe par une parole construite, fluide, à aucun moment trébuchante. » Une fois les investisseurs et les banquiers en poche, il faut encore convaincre pour le recrutement des premiers salariés. « C'est une opération de séduction, il faut donner envie, car nous allions chasser des collaborateurs ailleurs, qui avaient de bons postes, dans des boîtes très confortables. C'était une prise de risque pour eux. Il fallait les convaincre que nous étions les meilleurs alors qu'au départ on leur vendait du vent puisque la boîte n'existait pas encore. »

La parole entrepreneuriale a donc changé la vie de Paul Chevrillon, enfant, adolescent, et jeune adulte très en réserve. « Je pense que mon rapport contrarié à la parole vient du fait que j'ai appris à parler en anglais, car mon père travaillait à Londres à l'époque, mes premières prises de parole étaient donc dans la langue de Shakespeare. Quand je suis rentré en CP en France, j'avais du mal à parler en français à l'école. Rendez-vous compte j'écrivais "chatow" pour "château", alors m'exprimer en français devant les autres… » Aujourd'hui, sa langue professionnelle est le français mais il lui arrive encore de penser en anglais. « Pour communiquer ce qui est de l'ordre de l'intime, je passe plus facilement par l'anglais. Quand j'ai annoncé à une dizaine d'amis que j'allais me marier, je l'ai fait en anglais… » Durant ses études de commerce, l'étudiant a eu très peu l'occasion de prendre la parole en public, une ou deux fois par an devant un amphithéâtre entier, mais il estime que cela ne suffit pas pour former de bons communicants. « On ne nous entraînait pas à la prise de parole, alors que c'est un volet essentiel dans l'entreprise.

En entreprise la prise de parole et la communication interne entre les collaborateurs de l'équipe sont un sujet primordial. La plupart des problèmes en entreprise viennent d'un manque de communication, d'un blocage de la parole. »

L'entrepreneur a aussi pour rôle de libérer la parole des autres et de permettre à chacun de s'exprimer dans un juste équilibre de proposition et de contestation, sans remettre en cause l'autorité du chef et sa légitimité.

« En empêchant les collaborateurs de s'exprimer, on génère de la frustration, du désengagement. Cela crée un climat de défiance, la parole s'obstrue. Le malentendu en entreprise est encore trop courant », déplore le créateur de Deskopolitan. « Cela me mine parfois de devoir prendre la parole, mais je me force à le faire pour désamorcer des conflits, lever des incompréhensions, annoncer parfois une mauvaise nouvelle, ou bien se mettre autour d'une table et négocier. La parole est une soupape, elle libère, il faut savoir la partager pour ensuite pouvoir prendre des décisions. » Après son école de commerce, Paul Chevrillon a rejoint pendant quatre ans la branche transport du groupe Veolia pour développer une filiale. « Pendant longtemps, j'évoluais dans le “ne pas dire”, je devais surtout ne pas dire que j'étais en stage aux chauffeurs que je gérais, pour ne pas me décrédibiliser. Puis j'ai fait du management commercial, et là je n'étais pas à l'aise, car ma parole servait à vendre plus qu'à convaincre. C'est très formateur, mais moi pour vendre, il faut d'abord que je sois convaincu. » Poussé par une envie de liberté, il démissionne pour rejoindre son futur associé de Deskopolitan. Il découvre l'entrepreneuriat, l'autonomie, l'implication personnelle dans un projet où il dit « engager ses tripes et sa peau ». Et sa parole.

Sauvetage, mode d'emploi

Paul Chevrillon le dit : la parole, c'est d'abord une première impression. À ce sujet, une étude de l'Académie des sciences des États-Unis est particulièrement éclairante sur l'importance, dans l'entreprise, de cette première impression. De cette étude, il ressort que les chargés de recrutement sont capables d'assigner un candidat à une catégorie socioprofessionnelle quasiment au moment où il ouvre la bouche[1]. Ainsi, après avoir entendu un inconnu parler pendant seulement quelques instants – dans certains cas, sept mots suffisaient – des spécialistes des ressources humaines étaient en mesure de déterminer sa catégorie sociale, définie par son niveau

1. Michael W. Kraus *et al.*, *Evidence for the reproduction of social class in brief speech*, Proceedings of the National Academy of Sciences, 2019.

d'études, son revenu et sa profession, avec une exactitude supérieure au hasard. Les indices provenaient non seulement de la nature du propos, mais également de la prononciation, du ton et du rythme. Une autre étude relatée dans le même article montre que le degré d'exactitude dans l'assignation à une catégorie socioprofessionnelle est significativement plus élevé lorsque le recruteur écoute le candidat que lorsqu'il lit la transcription de sa réponse.

Sept mots et tout est déjà dit ! Et l'on n'a pas de deuxième chance pour faire une première impression ! Raison de plus pour soigner son entrée en matière, bien au-delà de la seule parole entrepreneuriale.

Comment expliquer cette exactitude du classement dans une catégorie à la seule audition de quelques mots ? Sans doute par deux autres études, plus anciennes, et connues sous le nom de « pyramide de Mehrabian ». Albert Mehrabian, professeur de psychologie à l'université de Californie, a mené une enquête destinée à évaluer le poids respectif, dans l'appréciation ou le rejet d'une personne, de son langage verbal (les mots qu'elle emploie), de son langage paraverbal (les inflexions de sa voix, sa musicalité, ce que l'on appelle la prosodie) et de son langage non-verbal (son attitude, sa posture, ses gestes, son regard, les expressions de son visage). Il en ressort que l'impact d'un propos sur le jugement de la personne passe à 55 % par le langage non-verbal, à 38 % par le langage paraverbal et à 7 % par le langage verbal[1].

Même si l'étude, qui concerne uniquement les discours portant sur les émotions et l'état d'esprit d'une personne, ne peut être généralisée de façon abrupte, elle donne tout de même un signal intéressant : l'orateur est d'abord vu, ensuite entendu, et enfin seulement compris. La façon dont il se présente fait pour plus de la moitié de son impact et sa voix y contribue pour plus d'un tiers. En entreprise comme ailleurs, soignez donc votre attitude corporelle, et veillez à varier l'intensité et le débit de votre voix.

Un dernier chiffre, qui me semble lui aussi déterminant pour les prises de parole entrepreneuriales, à l'ère du numérique. Une étude menée par Microsoft au Canada en 2013 conclut que la durée moyenne d'attention d'un être humain est de 8 secondes. La proportion d'internautes regardant jusqu'au bout les vidéos qu'ils ouvrent décroît drastiquement en fonction de la durée de ces vidéos (85 % de vues complètes sur des vidéos de moins de trente secondes, 70 % pour des vidéos de moins

---

1. Albert Mehrabian & Morton Wiener, *Decoding of inconsistent communication*, Journal of Personality and Social Psychology, 1967.

Albert Mehrabian & Susan Ferris, *Inference of attitudes from nonverbal communication in two channels*, Journal of Consulting Psychology, 1967.

de deux minutes, 50 % pour des vidéos de deux minutes). D'où la nécessité pour les entrepreneurs d'être immédiatement clairs et pertinents, d'aller droit au but, mais également de surprendre, d'embarquer et d'impliquer l'auditoire.

Pour cela, rien ne vaut, je crois, le storytelling. Et ce pour plusieurs raisons. Raconter une histoire, c'est d'abord rompre la monotonie d'un discours argumentatif : d'un point de vue simplement vocal, d'intonation, on sait que l'introduction d'un récit modifie la « couleur » du discours (il suffit de dire « il était une fois » pour que la voix change). C'est ensuite introduire un suspens : chacun veut connaître la fin de l'histoire, et l'attention se réveille. C'est également donner une assise factuelle à son propos : si l'histoire est vraie, l'argument qu'elle supporte le sera aussi. C'est, enfin, incarner son discours : en racontant une histoire, notamment personnelle, l'orateur quitte sa fonction de chef d'entreprise pour devenir conteur, et s'investit ainsi plus intimement dans sa prise de parole. N'hésitez pas à ponctuer vos interventions de ces anecdotes et récits qui marquent les esprits.

Brièveté, clarté, implication, appel à l'action : telles me semblent être les clés d'une parole entrepreneuriale réussie. Car en définitive, le rôle de la parole managériale est avant tout de raconter une histoire donnant à l'entreprise un projet commun, une identité, un sentiment d'appartenance et permettant de dépasser les clivages et les rivalités internes. Là où par nature une entreprise est susceptible de diviser – parce qu'elle est le lieu des différences de visions et des chocs d'ambition – le dirigeant doit donner un sens – à la fois dans l'acception « direction » et dans l'acception « signification » – permettant de rassembler et de mobiliser les énergies.

Aujourd'hui, les grands chefs d'entreprise sont quasiment tous de grands orateurs : que l'on songe au discours d'Emmanuel Faber à la cérémonie de remise des diplômes d'HEC en 2016, à celui de Jeff Bezos à Princeton, ou encore à celui de Steve Jobs à Stanford, tous visibles sur Internet. La légitimité du chef d'entreprise ne repose plus exclusivement sur ses capacités techniques, sur ses diplômes, sur son ancienneté ou sur son nom : elle dépend de sa capacité à tracer un chemin et à montrer un cap, y compris – et même surtout – dans l'adversité, puisque la mythologie de l'entreprise comme *success story* permanente a fait long feu depuis bien longtemps.

Mais la parole, en entreprise, ne se résume pas à celle du dirigeant. Elle est aussi celle de tous les salariés – ceux que l'on appelle désormais, par euphémisation et pour gommer le lien de subordination, les « collaborateurs ». Cette parole, aussi, mérite d'être mise en valeur. Elle suppose d'être accueillie par le biais des techniques d'écoute active, cette écoute qui cherche, derrière les mots prononcés, le message véritable que l'interlocuteur entend exprimer.

À ce titre, je constate que se multiplient dans les entreprises les activités autour de la prise de parole en public. Formations, coachings personnalisés : les entreprises ont compris à quel point la capacité à prendre la parole était une compétence indispensable à l'égard des clients, prospects, partenaires, collègues. Au-delà des performances techniques, la transmission incarnée, par la parole, des savoir-faire est un moteur de développement et une façon de faire surgir des talents.

Et à côté de la parole proprement professionnelle se déploient également des activités ludiques autour de l'éloquence : concours, joutes, ateliers d'improvisation. L'effet de cohésion qui naît de telles initiatives est imparable : le stress partagé de la prise de parole égalise les hiérarchies, les âges et les fonctions, permet de sortir de sa zone de confort dans la bonne humeur et sans réel enjeu, révèle des personnalités insoupçonnées. Dirigeants d'entreprises : oubliez les accrobranches, les sauts à l'élastique et les stages de survie, organisez des concours d'éloquence !

La négociation, une parole à forte valeur ajoutée

(Avec Julien Pélabère, Docteur en négociation complexe, négociateur professionnel, fondateur de l'Institut de négociation et de recherche appliquée.)

Il existe plusieurs façons de faire naître la décision dans une entreprise. La première, généralement considérée comme la plus naturelle, est l'exercice du pouvoir par le chef. La décision est imposée unilatéralement, sans que la parole ne l'ait précédée. Efficace à court terme, cette méthode montre rapidement ses limites. Elle peut susciter soit une révolte, soit une soumission passive mais sans adhésion, soit une fuite (par le stress, la mauvaise qualité du travail, le burn-out). La deuxième est la création d'une règle. Même si elle n'émane pas d'une personne, elle est également imposée, et n'appelle que l'obéissance sans appropriation. Imposer collectivement une règle en entreprise est donc également une forme de déshumanisation. La troisième est la négociation, qui permet de mettre l'autre dans l'équation de la prise de décision. La négociation est chronophage et risquée (rien ne garantit qu'elle aboutira), mais son résultat est meilleur, car elle part d'un désaccord verbalisé pour l'encadrer et le surmonter tout en maintenant la relation à l'autre. Elle permet aussi de parvenir à une meilleure solution que celle qui serait imposée, car elle aura reçu l'accord de tous, de sorte que sa mise en œuvre sera plus efficace. La distribution de la parole dans l'entreprise est au cœur de ces modes de prise de décision.

On a souvent trop tendance à partir de la décision imposée, puis si cela ne fonctionne pas à édicter une règle, et à ne négocier qu'en dernier recours. C'est l'inverse qu'il convient de faire : négocier d'abord, et n'avoir recours à la norme ou à la décision que si la négociation échoue. Libérer la parole en entreprise, c'est y permettre la circulation des opinions, et favoriser l'implication de chacun.

On joue !

À la terrasse d'un café

Voici un jeu que vous pouvez faire en terrasse, et qui vous éclairera sur la puissance du langage non-verbal : regardez deux personnes qui discutent à une table suffisamment éloignée de la vôtre pour que vous ne les entendiez pas. En fonction de leurs gestes, mimiques, postures, regards, essayez de deviner la nature et la tonalité de leur conversation.

La parole sauve de la solitude et des maux de l'âme : Olivier Delacroix, la maïeutique vespérale

Portrait

D'abord il y a ce regard à la fois doux et décidé de ceux qui savent où ils veulent aller dans la vie et cette chevelure à mi-chemin entre Bob Marley et Delphine de Vigan qui interpelle et provoque immédiatement la sympathie. Olivier Delacroix est plus nounours que gros dur, l'incarnation même de l'homme sensible, de l'homme qui tremble devant les injustices. Puis il y a cette parole, d'emblée singulière, ce léger zézaiement qui ponctue un phrasé fluide et chaleureux. On se sent tout de suite enclin à engager la conversation : avec Olivier Delacroix on entre immédiatement en empathie. Il n'est pas psychologue, revendique de ne lire aucun ouvrage de psychanalyse, et pourtant il n'a pas son pareil dans le paysage médiatique pour faire jaillir la parole d'autrui. Olivier Delacroix se glisse dans les silences, les hésitations, pour relancer, saisir la détresse, la colère, les peines et les joies de ses interlocuteurs. Douze ans qu'il est un professionnel de la parole, multipliant les documentaires long format dans son émission *Dans les yeux d'Olivier* sur France 2 ou bien animant depuis 2019 la libre antenne nocturne d'Europe 1. À la télé, il a confessé des transgenres, des gothiques, des bodybuildés ou encore des schizophrènes, à la radio il recueille les angoisses, les doutes, les appels au secours d'auditeurs de toutes classes sociales, sans jamais être moqueur, méprisant ou cassant. « Je respecte tout le monde et je ne juge personne. »

Il est un remarquable accoucheur. Il parle autant qu'il écoute, et son ego fort se dilue dans un besoin viscéral de se nourrir des histoires des autres, non pas pour les vampiriser mais pour comprendre la complexité du monde et saisir les béances de la société. Cette parole salvatrice est à la fois sa marque de fabrique et son moteur. En réparant les autres, il se répare lui-même et atténue peu à peu des blessures profondes, le suicide d'un père et la mort d'un nourrisson.

Il vit la parole comme un « outil de dévoilement ». « Dans la parole, on perçoit ce que l'autre a dans le ventre », et par répercussion ce que l'on a soi-même dans les tripes. « La parole est quelque chose d'inné chez moi et de central dans ma vie, c'est à travers l'autre que l'on se construit, en se confrontant à l'autre. » Cette hyper-attention aux autres couplée à cette facilité à se livrer a pu déconcerter. Ainsi Olivier Delacroix déplore que la parole facile et sincère soit trop souvent suspecte. « Je peux parler dans le train avec mon voisin, avec les livreurs d'Uber Eats, les chauffeurs de taxi, avoir de vraies conversations, aller en profondeur ; j'ai du mal à ne pas parler, j'ai une soif inextinguible de rencontres. Nous sommes dans une société où lorsque vous souriez à quelqu'un, on se méfie de vous, pour la parole c'est pareil. »

Olivier Delacroix a toujours eu le verbe facile. Dès l'enfance, il s'est emparé de la parole. « J'ai grandi à côté d'Évreux, j'ai reçu une éducation bourgeoise grâce à laquelle je peux correctement m'exprimer. Au collège, j'étais chez les Jésuites. J'ai vite refusé l'autorité, la hiérarchie idiote ; là où on voulait restreindre mes libertés, j'exprimais mes désaccords. J'expliquais qui j'étais, je m'imposais, je revendiquais, mais je n'ai jamais eu une parole effrontée. » C'est plus tard, après son école de journalisme, qu'il prend vraiment conscience qu'une parole sûre d'elle et bien maîtrisée peut être « une arme fatale ». À vingt-trois ans, il fait ses gammes auprès de Christophe Dechavanne, qui le charge de trouver des témoins pour l'émission *Ciel mon mardi*. « Christophe m'a totalement désinhibé, après cette expérience plus personne ne m'impressionnait. »

Après la fin de la première saison de *Dans les yeux d'Olivier*, avec un film sur les mystères de la foi, il a un nouveau déclic. « J'ai vraiment ressenti qu'il se passait quelque chose avec les téléspectateurs. On disait de moi : "Ce mec laisse parler les gens." » Le journaliste comprend alors qu'il possède un savoir-faire qui détonne dans un paysage médiatique où la parole est trop souvent piétinée, rabotée. Il n'y a donc rien d'étonnant à ce qu'il ait succédé à la psychologue Caroline Dublanche, qui avait auparavant officié pendant dix-neuf ans sur l'antenne d'Europe 1. Depuis, il dissèque en direct les états d'âme du pays. Son « confessionnal » est ouvert du lundi au jeudi soir entre 22 h 30 et 1 heure du matin. Il y est question de tromperie, de baisse du désir, de la perte d'un emploi, de la peur de la mort, des affres de la vie, de la précarité étudiante, d'inceste. Et puis de la solitude, tangible, omniprésente. Dans toutes les classes sociales. On y entend aussi bien des caissières, des agriculteurs, des ouvriers, que des enseignants, des journalistes, des avocats. Le tout sans mise en scène ni jugement. Pas de jingle tapageur ou de fond sonore dramatique. Juste la vie et la petite poésie de la nuit. Il met de lui dans chacune des interventions, il écoute, il questionne, il pousse des coups de gueule parfois, il réagit à la parole d'autrui comme il le ferait avec ses proches. Et quand un interlocuteur a besoin de temps pour s'exprimer, Olivier Delacroix ne le coupe pas. « Rares sont les émissions où quelqu'un parle plus de quarante secondes sans être interrompu. Pour moi, la parole a de la valeur. Il m'arrive souvent de laisser un auditeur s'exprimer pendant plus de trois minutes, sans que je l'interrompe. Un soir, j'ai gardé une femme une heure vingt, elle racontait qu'elle avait été victime d'un inceste commis par son grand-père ; elle s'exprimait remarquablement bien, avec une voix douce. Il fallait ce temps pour que sa parole prenne de l'ampleur. » Tout dépend de l'objet de l'appel : appelle-t-on pour livrer un message, se raconter simplement, chercher de l'aide, trouver un début de solution ? La libération de la parole est rendue plus facile par l'atmosphère nocturne. La nuit on peut tout se dire, ou presque. « La nuit le monde se ralentit, on est en condition totale pour écouter et délivrer la parole de l'intime. On se sent plus protégé, l'écoute est plus attentive. La nuit se prête beaucoup plus à la confidence. On peut avoir l'impression que tout le monde ne va pas entendre, la nuit on peut se dire des secrets. Oui, la nuit la parole est plus libre. »

À force, ce sondeur d'âmes arrive à percevoir dans les intonations, le rythme des phrases, à quel moment il peut se glisser dans l'interstice pour apaiser, désamorcer une parole un peu vive, rageuse, explosive et saisir le moment opportun pour suspendre ou clore la confession. « Il faut déterminer quel est le besoin des auditeurs chez eux, j'imagine toujours ceux qui écoutent, je me demande ce qu'ils ont envie d'entendre, il faut créer un équilibre entre celui qui parle et celui qui écoute. Et en cas de trop grosses digressions, je recadre, et généralement quand ça commence à me fatiguer, c'est qu'on touche à la fin. » Olivier lâche alors le fameux « Eh bien merci pour votre appel ce soir », tout en laissant une porte ouverte pour une autre discussion avec un « N'hésitez pas à me tenir au courant ».

Sauvetage, mode d'emploi

J'ai tenu à rencontrer Olivier Delacroix, car sa *Libre Antenne* est pour moi une magnifique illustration de la parole qui sauve au quotidien. Ovni radiophonique, cette émission est une oasis de parole miraculeuse, suspendue, infiniment précieuse, presque vitale : alors que la journée, les ondes déversent un flot ininterrompu de contenus anxiogènes, urgents, formatés, scandés, commerciaux, obligés, tout d'un coup la nuit tombe et la parole redevient ce qu'elle devrait toujours être, personnelle, salvatrice, sincère, longue. Olivier le montre : il y a bien une parole du jour et une parole de la nuit. Au moment où l'on se retrouve dans le cercle intime, débarrassé des contraintes et obligations qui scandent nos existences, et que nous faisons face au temps long des questionnements intimes, la parole vespérale retrouve son épaisseur, sa chair et sa profondeur. Dans cette mystérieuse alchimie surgissent des échanges, une écoute, des questions sans réponse. Des oreilles sur des oreillers, en somme. Olivier Delacroix lui-même se défend de toute tentative thérapeutique. La nuit ayant assoupi les exigences d'audience, voilà que l'on peut redonner à la parole sa fonction de partage d'émotions. À la journée la parole de combat, de débat, d'information, à la veillée la simplicité du partage, la sincérité de l'émotion, la gratuité de l'échange. Personne n'a rien à gagner ni à promouvoir, on laisse une place inédite aux silences, qui ne sont pas gênants. Parfois la parole reste en suspens. C'est une parole à l'abri des regards, que permet une intimité que chacun sait fictive mais qui pourtant n'est pas feinte. C'est ainsi qu'affleurent dans l'espace public des douleurs intimes, des failles enfouies que l'on expose dans le confort rassurant de l'anonymat.

La nuit joue son rôle décisif. Elle décuple tout : les solitudes, les angoisses, les doutes, les besoins d'épanchement, les démons, les sensations de tourner en rond, les détresses et les impasses. Mais c'est lorsqu'on se retrouve face à tout cela, qu'on n'a plus le vacarme artificiel, l'agitation et les soubresauts de la journée pour s'étourdir et peupler nos solitudes, que nous sommes vraiment nous-mêmes. C'est évidemment Barbara, qui a tant connu ce mal de vivre, qui l'a dépeint avec le plus de justesse : « À voir tant de gens qui dorment et s'endorment à la nuit, je finirai, c'est fatal, par pouvoir m'endormir aussi. À voir tant d'yeux qui se ferment, couchés dans leur lit, je finirai par comprendre qu'il faut que je m'endorme aussi. »

Et plus que jamais, tout passe par la voix. Celle d'Olivier est rassurante, naturelle, enveloppante, elle recrée un cocon, une bulle protectrice qui permet le lâcher-prise. Là où le regard de l'autre pourrait inhiber, sa seule écoute à distance favorise l'introspection et le dévoilement. Olivier dit également que l'émission est centrée sur l'entraide. Se crée, soir après soir, une communauté nocturne, non pas une société secrète mais un cercle intime, où le partage des expériences, des sentiments, des difficultés – on ne vient pas à la libre antenne pour dire des banalités, la démarche suppose que l'on soit en quête d'un soulagement – fait le sel d'une parole bienveillante, complice et protectrice.

Je crois qu'Olivier, par la parole, fait œuvre de salut public. Confesseur laïc, il apaise des anxiétés, met du lien entre des solitudes juxtaposées, rompt des enfermements, recrée des horizons là où il n'y avait plus que des murs. Il a probablement – même s'il ne le dit pas – sauvé des vies au sens propre, l'appel à une émission qui écoute sans limite ni restriction pouvant permettre d'éviter le pire, lorsque les pensées tournoient sans issue et que la noirceur de la nuit est aussi celle des idées qui nous hantent.

Quel magnifique hommage rendu à la puissance des mots, de l'écoute, lorsqu'ils sont portés par le cœur.

On joue !

Clap de fin

La dernière partie d'un discours doit marquer les esprits : elle est l'ultime impression dont les spectateurs se souviennent. En rhétorique, cette partie se nomme « péroraison ». Elle est composée de trois temps : d'abord le résumé des arguments essentiels, ensuite la demande (dite « supplique ») dans laquelle on précise ce qu'on attend de l'auditoire (voter un texte, donner de l'argent pour une cause, acheter un produit), et enfin la sortie, qui permet de faire sentir que le discours est terminé (comme pour un morceau de musique). Pour cela, vous pouvez utiliser des formules classiques (« Je vous remercie de votre attention », « Voilà ce que je voulais vous dire »), mais ces formules sont un peu pauvres. Essayez plutôt de trouver une formule finale frappante et portez-la, soit en accélérant le débit et en montant la voix, soit au contraire en ralentissant et en baissant d'intensité.

Pour tester si votre sortie est efficace, voici un jeu. Vous faites un petit discours en demandant à votre public de taper dans ses mains lorsqu'il a le sentiment que le discours est terminé. Si ce que vous pensiez être la fin n'a pas été ressenti comme tel, il vous faut continuer et trouver une autre fin, jusqu'à ce que les auditeurs applaudissent.

La parole sauve les femmes : Loulou Robert, la réconciliation de la tête et du corps

Portrait

Octobre 2017, l'affaire Harvey Weinstein éclate. Le producteur est accusé de viols. Quelques jours plus tard, l'actrice Alyssa Milano lance le hashtag #MeToo sur les réseaux sociaux, pour dénoncer les agissements du magnat hollywoodien. Le mot-dièse est partagé plus de 12 millions de fois en vingt-quatre heures. Des femmes racontent les agressions sexuelles, les harcèlements et les viols qu'elles ont subis. Le mouvement prend une ampleur inédite, ouvrant une nouvelle phase dans la révolution féministe. La parole des femmes se libère comme jamais auparavant. Au même moment, la jeune romancière et mannequin Loulou Robert prend un verre sur une terrasse parisienne avec son amie Eva qui rentre de Los Angeles, et qui lui raconte le phénomène. Loulou écoute, mais elle a la tête ailleurs, quelque part entre l'écriture de l'adaptation cinématographique de son premier roman *Bianca*[1] et celle d'un autre livre. Elle entend, comprend que des femmes parlent, dénoncent, désignent. Loulou ne se sent pas concernée. Elle commande un autre verre. Elle hésite. Elle pense qu'elle n'a pas de « porc » à balancer, elle n'arrive pas à s'inscrire dans ce « moi aussi » planétaire. Et puis elle ne voit pas les hommes comme des ennemis à abattre.

Quelques semaines plus tard est diffusé le téléfilm *La Consolation*[2], adapté du livre éponyme de Flavie Flament, dans lequel la présentatrice raconte avoir été violée par le célèbre photographe David Hamilton alors qu'elle n'avait que treize ans et explique comment elle s'est murée pendant des années dans un déni traumatique. Loulou Robert sent alors une déflagration dans son corps, un électrochoc. Son corps se relie à sa tête, tout ce qu'elle avait enfoui pendant sept ans remonte à la surface. « Je suis le 7 novembre 2017 face à mon père (le journaliste d'investigation Denis Robert) et je raconte l'histoire de celle qui ne voulait pas. Celle qui n'a pas dit non une seule fois. Celle qui ne s'est

1. Loulou Robert, *Bianca*, Julliard, 2016.
2. Flavie Flament, *La Consolation*, JC Lattès, 2016.

pas débattue », écrit-elle dans *Zone grise*[1]. La jeune femme revit alors dans sa peau, dans son ventre, l'histoire d'un photographe et d'une mannequin, d'une séance photo le temps d'un week-end, une séance photo qui s'est prolongée pendant plusieurs semaines par des rapports sexuels non consentis. Aujourd'hui, Loulou sait mettre des mots, elle a accès au vocabulaire : « emprise », « zone grise », elle maîtrise. « À l'époque, j'étais comme absente, je faisais ce que l'on me disait de faire, t'es belle donc te plains pas, t'es belle donc déshabille-toi, t'es belle donc tais-toi. » Elle explique : « Le non n'était pas possible, j'étais piégée par un rapport de domination. Parler revenait à décevoir : le photographe, les agents, ma mère. La parole se soustrayait à moi. J'avais été conditionnée ainsi, il fallait que je sois gentille. Parler, dire non, c'était être méchante, donc je me suis murée dans le silence qui équivaut à un oui. J'étais en conflit, mais je ne disais rien, à l'intérieur il y avait un cri. »

Cette histoire de parole bloquée, Loulou Robert l'expérimente depuis l'enfance. « Longtemps ma bouche n'a pas pris la parole. J'ai parlé tard alors que j'ai marché très tôt. Je me posais beaucoup de questions, j'étais assez angoissée par la mort. Je parlais beaucoup à mes peluches, je parlais en silence, j'avais intériorisé ma parole. À l'école, je n'osais pas parler. Je m'appelais Loulou, c'était un

1. Loulou Robert, *Zone grise*, Flammarion, 2020.

prénom étrange, mon père était médiatisé. J'étais silencieuse en cours, dans ma famille, dans mes rapports intimes. » Silencieuse toujours, mais observatrice. À la maison, elle vit de plein fouet le cancer qui ronge sa mère, les tourments judiciaires de son père, l'homme qui a fait trembler la droite avec l'affaire Clearstream. Clearstream c'est dix ans de la vie de Loulou, de ses sept à ses dix-sept ans, elle comprend le pouvoir des mots du père lanceur d'alerte, en même temps qu'elle est exposée à la violence de la parole lorsque ce même père est bringuebalé dans l'arène médiatique.

Pour compenser son mutisme, elle s'exprime par le corps, son corps douloureux. Ado et jeune adulte, elle le malmène par l'anorexie. Maux de ventre à répétition, somatisation. Les mots ne sortent pas, ou peu. Elle libère sa parole lors de différentes psychothérapies. « J'ai commencé la psy à quinze ans, d'abord cela m'a été imposé, je restais mutique, puis ça m'a permis de sortir les choses, de mieux les penser. J'étais lucide mais je ne savais pas quoi faire de cette lucidité. La psy m'a aidée à intégrer le fait que j'ai le droit de prendre la parole, grâce à la thérapie j'ai arrêté de mourir en silence. » Malgré les hospitalisations à répétition, Loulou excelle au lycée, décroche le bac avec mention très bien, quitte son village lorrain voisin de Metz pour Paris et des études de philo. Les mots ne sortent toujours pas. Alors elle mise tout sur le corps, du haut de son mètre 72 brindille, elle part à New York, défile le regard émeraude triste, pose devant les flashs qui la révèlent autant qu'ils la détruisent. « J'ai traversé cette période avec plein de paradoxes : le mannequinat m'a aidée à accepter mon corps, j'avais une place qui m'était propre, je me forgeais une identité et en même temps j'étais objectivée, je me vivais comme une jolie poupée qu'on manipule, dont on bouge les jambes. Dans ces moments-là, j'étais très extérieure à moi. » Sur cette expérience, elle écrit dans *Zone grise* : « Je suis belle, c'est une bonne chose. Je dois me taire. Donner le meilleur de moi-même, sans bouger, ni parler. » Puis vient l'écriture, l'écriture coup de poing, libératrice, les mots tapent dans son cerveau, ne demandent qu'à sortir. Loulou revient en France et enclenche la machine à écrire. « J'écris, sinon je ne suis rien, j'écris, je balance tout. » Pas de tabou. Grâce à ses livres, elle donne la parole à son corps. Ce corps qui pendant longtemps a englouti les mots, au point d'en bloquer la musique.

« En 2015, je m'autorise à écrire. Dans l'écriture tout sort d'une traite, sans retenue. C'est une manière de relier le corps et la tête et donc de libérer la parole. Écrire c'est parler, maintenant je travaille sur la prise de parole, pour rendre ma parole accessible, j'arrive à relier tout ça, je ne suis plus une fille coupée en deux. »

Survient la déflagration liée à *La Consolation*. Loulou Robert commence à porter une parole publique, à dire le viol. Là encore, le corps s'exprime : « Quand j'ai dit le mot viol, j'ai enchaîné les rages de dents, mes dents se tuaient, les racines étaient mortes. Avant je ne souriais jamais, j'avais la bouche tout le temps fermée, quand je me suis autorisée à parler je me suis fait refaire les dents pour sourire à nouveau, et ouvrir la bouche. »

Elle témoigne une première fois face caméra le 19 novembre 2018 dans l'émission *Stupéfiant !* sur France 2, elle raconte comment un photographe célèbre dans le milieu de la mode a profité de plusieurs séances photos pour avoir avec elle des relations sexuelles non consenties. « Face au journaliste, je parle, je donne un nom, ça dure trois minutes. À la fin du reportage, le photographe nie les faits. Qu'importe, j'ai parlé. » Suivront un long entretien avec la podcasteuse Victoire Tuaillon, et quatre pages dans le magazine *Elle*. « Je me libérais et découvrais enfin la force de la parole. » Son entourage la pousse à porter plainte, elle doute. L'avocat Hervé Temime lui explique qu'elle a le droit de ne pas porter plainte, que cela n'occulte pas la réalité des faits. Elle a pris la parole, et c'est bien ce qui compte. Alors Loulou s'est remise à écrire, son histoire de corps traumatique, son histoire de parole enfouie, son histoire de viol dénié. Pour éclaircir la zone grise. Et être au clair avec elle-même. Une façon d'inscrire ses mots singuliers dans ce grand mouvement de libération de la parole des femmes. « Je crie. Je libère. J'ai le droit. Ne plus être belle et tais-toi. »

Sauvetage, mode d'emploi

Indépendamment de ses implications sociétales et judiciaires, dont nous ne voyons encore sans doute que les prémices, le mouvement de libération de la parole des victimes d'atteintes sexuelles atteste de la fonction proprement épiphanique de la parole : c'est uniquement lorsqu'une chose est dite qu'elle surgit à la face du monde. Sa réalité intrinsèque ne change pas, mais elle passe du statut de fait intime à celui de fait social. Et c'est évidemment décisif pour les infractions du huis clos, les viols de l'intime, les agressions claquemurées. Les situations de « parole contre parole » sont déjà suffisamment difficiles, que dire alors des situations de « parole contre silence » ?... Les agresseurs l'ont d'ailleurs bien compris, qui chuchotent à l'oreille de leurs victimes cette injonction glaçante et pourtant si banale : « Ce sera notre secret. »

Comme pour les sédimentations géologiques qui recouvrent des minéraux plus durs, il faut des années d'érosion pour que les couches les plus profondes affleurent. C'est tout l'enjeu de ces paroles cadenassées par le fardeau des pesanteurs sociales, par les craintes révérencielles des déflagrations familiales (les protagonistes bien sûr, mais aussi ceux qui savaient et n'ont rien dit, et ceux qui ont fermé les yeux), par les hontes ravalées et les enfouissements obligés. Et l'on perçoit, là plus qu'ailleurs, à la fois la difficulté de dire et le prix d'avoir dit. Le mouvement #MeToo atteste également de l'importance des rôles modèles dans la destruction des chapes de silence et le dépassement des indicibles. L'histoire de Loulou Robert en est l'illustration : c'est la parole des autres qui a déclenché la sienne.

Mais la libération de la parole n'est évidemment rien sans la libération de l'écoute. La seconde est d'ailleurs la condition de la première. Trop longtemps la parole des femmes a été accueillie avec ironie, dérision, sarcasme voire dédain. Or c'est uniquement parce que l'on sait que l'on va être entendu sans a priori que la parole peut surgir.

Il ne s'agit pas pour autant de soustraire la parole des plaignantes au crible du doute. Dès lors qu'une parole d'accusation est proférée, elle doit être soumise au débat contradictoire, et au principe selon lequel l'incertitude profite à l'accusé. Ici comme ailleurs, la justice ne croit jamais quiconque sur parole et si l'épreuve d'avoir à prouver ce que l'on avance peut être vécue comme un nouveau traumatisme, cette obligation est la seule qui permet de passer d'une vérité simplement personnelle à une vérité judiciaire et officielle et qui conduit la plaignante à être reconnue comme victime « au nom du peuple français » et non plus uniquement dans son for intérieur. Or il ne faut pas cacher que la difficulté voire l'impossibilité, dans ce type d'affaires, d'apporter des preuves tangibles de ses accusations peut conduire à des classements sans suite, des relaxes ou des acquittements qui, s'ils sont conformes aux règles de droit, apparaissent comme une double peine pour la plaignante. Mais c'est, dans notre État de droit, le prix à payer pour passer de la vengeance privée – celle, notamment, des réseaux sociaux – à la justice publique.

Si la parole s'est libérée et si l'écoute s'est humanisée par une meilleure formation et une meilleure coordination des acteurs judiciaires, sociaux, médicaux et associatifs, l'action de la justice proprement dite est bien timide sinon absolument défaillante. Plusieurs féminicides ont mis en lumière de graves dysfonctionnements dans la surveillance des auteurs de violences faites aux femmes, et le chemin est encore long pour que la parole de ces femmes libres et courageuses sauve de l'omerta et de l'impunité.

Un dernier mot sur cette question de la parole des femmes dans la Cité. Année après année, je suis frappé de constater qu'alors même que, de part et d'autre du périphérique, les cours de prise de parole en public que je donne sont ouverts à tous les élèves des établissements où j'enseigne dans la seule limite des places disponibles, dans les institutions classiques mon cours est majoritairement choisi par des garçons, alors qu'à Eloquentia en Seine-Saint-Denis il est presque exclusivement choisi par des filles.

On peut certainement regretter que dans les quartiers plus favorisés les femmes aient pour ainsi dire intégré que la parole était d'abord masculine. Mais on peut aussi se réjouir que les jeunes femmes de

Seine-Saint-Denis aient pris conscience de la nécessité absolue pour elles d'une bonne expression orale, levier de leur émancipation, de leur insertion et de leur réussite. La parole qui sauve, encore et toujours, des destins tout tracés.

On joue !

Démosthène, au secours !

Démosthène, qui est aujourd'hui connu comme l'un des plus exceptionnels orateurs de la Grèce antique, est un formidable vecteur d'espoir pour tous ceux qui considèrent que la prise de parole en public est hors de leur portée.
D'abord, d'un point de vue vocal, Démosthène avait une difficulté de prononciation et une voix faible qui lui ont valu, lors de son premier discours, les sifflets de la foule. Pour combattre ces défauts, il se serait entraîné d'une part à parler avec des galets dans la bouche et d'autre part à parler face à la mer, suffisamment fort pour couvrir le bruit des vagues. Inspirez-vous de Démosthène : entraînez-vous à bien articuler en mettant un stylo entre vos incisives, et à parler assez fort pour couvrir, par exemple, une musique ou la radio. Ensuite, d'un point de vue corporel, on dit que

Démosthène avait un tic à l'épaule, qu'il soulevait et baissait de façon intempestive. Pour combattre ce geste parasite, il eut l'idée de mettre son épée sous son épaule, la pointe vers le haut : la piqûre le renseignait sur la hauteur de son épaule. Sans aller jusqu'à cet exercice, bien sûr, vous pouvez lutter contre vos gestes intempestifs soit en parlant tout en tenant dans les mains un bol plein à ras bord (tout geste brusque le fera déborder) soit en demandant à quelqu'un de reproduire vos gestes, dont vous ne vous rendez sans doute pas compte vous-même.

Une chose en revanche à ne pas imiter chez Démosthène : le côté excessivement préparé de sa parole, dont on disait qu'elle « sentait la chandelle » pour avoir été trop longuement écrite et répétée la veille à la lueur d'une chandelle. Une astuce pour toujours être « dans le ton » lorsque vous prenez la parole : rebondissez, dans vos premiers mots, sur ce qui vient d'être dit avant vous (par l'orateur précédent, par le présentateur, par votre contradicteur).

La parole sauve de l'obscurantisme et du puritanisme : Richard Malka, la liberté de tout dire

Portrait

Ce fut un procès hors norme, parce qu'il jugeait des hommes qui avaient pour volonté de tuer et de porter la terreur. Le procès des attentats de janvier 2015, qui s'est tenu de septembre à décembre 2020, a notamment été marqué par une plaidoirie qui restera sans aucun doute dans l'Histoire. Le 4 décembre, lorsque l'avocat Richard Malka prend la parole, il a les mains tremblantes, la voix chargée d'émotion, le regard habité. Bien sûr, il plaide pour ses amis de *Charlie Hebdo* tués le 7 janvier 2015 parce qu'ils avaient dessiné, écrit, brandi le droit au blasphème. Mais au-delà, il plaide pour celle qu'il surnomme sa « malheureuse cliente » : la liberté d'expression. Celle qui maintient une démocratie en bonne santé. « C'est à nous, et à personne d'autre, de trouver les mots, de les prononcer pour recouvrir le son des couteaux sous nos gorges », dit-il dans sa plaidoirie.

Trouver les mots, ne jamais être muselé par la peur, se saisir de la parole comme d'une arme contre les obscurantismes, encore, toujours, clamer haut et fort la liberté de penser et de parler pour éveiller les consciences. Ce jour de décembre, la parole de l'avocat se superpose à celle du citoyen et de l'homme. Sa plaidoirie sera unanimement couverte de louanges. Pourtant l'orateur pense qu'il l'a ratée, que cette parole minutieusement travaillée pendant des mois et au long de l'audience ne porte pas. « Durant toute la plaidoirie, je me sens mal, je suis complètement hors procès, je ne parle que cinq minutes des accusés, ce n'est pas mon problème. Je parle de l'histoire du blasphème, des Encyclopédistes, des révolutionnaires, rien à voir avec les terroristes. Les juges de la cour d'assises, je les ai pris en otage. Je plaide et j'ai l'impression qu'il ne se passe rien, je n'arrive à me raccrocher à rien, pas à un seul regard. Je ne ressens rien, je ne ressens pas la salle. C'était un cauchemar, un chemin de croix d'une heure vingt. Je n'ai jamais vécu un aussi gros décalage entre mon ressenti et ce que vivait la salle. J'ai vécu cette plaidoirie dans une étrangeté totale. »

Prendre la parole n'a rien de naturel pour cet esprit vif et tenace, et la plaidoirie est donc à chaque fois une souffrance. « J'ai un rapport inquiet à la parole, un manque d'assurance douloureux. Ce n'est pas mon mode d'expression naturel. Mon mentor Georges Kiejman disait que nous avons tous un mode d'expression privilégié, écrit ou oral, jamais les deux en même temps. Moi c'est l'écrit. » C'est pourquoi ce grand angoissé travaille avec acharnement chaque plaidoirie, avec ses crayons bleus et rouges et ses codes, puis les apprend jusqu'à les connaître sur le bout des doigts, un perfectionnisme pour conjurer le stress et le sentiment d'imposture. Il fait de même pour ses prises de parole médiatiques. « C'est une parole extrêmement travaillée, avec des *punchlines* pensées en amont. Sur les sujets que je défends, tout doit être réfléchi, un dérapage et c'est fichu. Je ne fais pas de la langue de bois, mais il faut que ce soit au cordeau. »

À l'origine, Richard Malka voulait être journaliste, il s'est fait du droit de la presse l'une de ses spécialités avec la défense de la laïcité et de la liberté d'expression, des thématiques qui s'imbriquent naturellement. Il a prêté serment en 1992 et, par défi, a participé à la Conférence du stage, le concours d'éloquence des jeunes avocats. « J'ai complètement raté, j'avais fait quelque chose d'impertinent, je donnais la parole à la souffrance. Quinze ans après, lors d'une soirée du barreau, un avocat un peu connu fonce vers moi pour me raconter à quel point le jury s'était écharpé à propos de mon discours. » Malka avait déjà une parole clivante, ce qui l'amuse profondément. « L'idée de me singulariser, ça me porte, avec cette idée que la parole, c'est la puissance absolue. » Sa parole est nourrie d'histoire et de vécu, c'est pourquoi elle touche, que l'on y adhère ou pas. « Je raconte une histoire avec mes tripes, avec mes balbutiements, mes maladresses, mes fautes de français parfois. Parce que ce n'est pas du tout pur, on sent la sincérité, une intensité de mon être parce que je suis tendu comme un élastique quand je parle. »

Pour bien plaider : « Il faut avoir vécu, aimé, souffert, avoir été trahi, avoir trahi, avoir connu les passions de la vie qui t'enrichissent pour approcher l'âme humaine. Après, que tu bafouilles, que tu trébuches, cela n'a aucune importance. Voire cela ajoute de la sincérité, de l'incandescence... » De l'incandescence plus que de l'éloquence donc.

« Rester libre, cela implique de pouvoir dire ce que l'on veut des croyances. » Mais dire ce que l'on veut des croyances a des conséquences dans le quotidien de Richard Malka. Il est le seul avocat en France à vivre sous protection du fait de son métier. Cela dure depuis six ans. Il l'accepte avec sagesse. « Mais en vrai c'est absurde, c'est symptomatique de l'époque. Aujourd'hui quand tu te bats pour la liberté des autres tu perds un peu de la tienne. Jamais je n'ai raboté mon propos, jamais je n'ai eu un sentiment de peur. Je ne peux pas lisser ma parole par peur. » Ce serait contraire à tout ce qu'il porte et représente. « Si nous, avocats, on se met à faire de la bien-pensance, on est foutus. Il reste deux espaces de parole où l'on peut sortir de la bien-pensance et aller parfois contre l'air du temps, c'est celui de l'avocat et celui de l'écrivain. Mais dans le cas de l'écrivain, le danger est que les ciseaux soient dans la tête et que la plume tremble un peu, sur des sujets liés au genre, au féminisme, à la couleur de peau. » La parole doit continuer de lutter contre le puritanisme.

Richard Malka déplore qu'une forme d'idéologie marquée par l'offense gagne du terrain dans la pensée. « Il y a une sorte de pensée moyenâgeuse très obscurantiste qui interdit le débat. C'est comme si la liberté d'expression existait pour soi mais pas pour l'autre. Cette parole de l'offense a été importée des États-Unis, et elle n'a aucun sens en France. On importe une culture et on la greffe sur un pays qui n'est pas du tout dans les mêmes paradigmes, cela ne peut que mener à la catastrophe. »

Ces deux dernières années, la liberté d'expression a été très profondément mise à mal avec l'assassinat de Samuel Paty, le lynchage numérique de la jeune Mila, autant de signes avant-coureurs de « déflagrations lourdes et violentes », selon l'avocat de la jeune femme menacée parce qu'elle avait critiqué l'islam de manière virulente. « Il y a une lame de fond qui restreint de plus en plus le débat. Je n'aimerais pas être humoriste aujourd'hui, car on ne peut plus parler de grand-chose sous peine de crouler sous les insultes. Il y a une idéologie folle et radicale. Nous ne vivons plus une époque Charlie. »

Sauvetage, mode d'emploi

Sous forme de boutade, mais avec un fond de vérité, les avocats disent souvent entre eux que « la confraternité est une haine vigilante ». Richard Malka, à mes yeux, échappe à cette méfiance, car il y a chez lui une pureté de l'engagement qui ne peut susciter qu'une admiration sans réserve. Alors que la parole de l'avocat est par nature suspecte, entachée du péché originel de sa rémunération et du cliché tenace du mercenaire de la parole voire du menteur stipendié, Richard Malka n'offre pas de prise à ce reproche, parce que contrairement aux avocats qui changent de cause au gré des procès (un jour les violences policières, un jour la situation carcérale, un jour la souffrance au travail, un jour les ravages de la drogue), Richard Malka, lui, trace un sillon unique au fur et à mesure de ses plaidoiries : celui de la défense opiniâtre et sans concession de la liberté d'expression. Il fait à ce point corps avec sa cause qu'il a fini par l'incarner non seulement dans les prétoires, mais également sur les plateaux de télévision et les étals des libraires.

La formule de saint Thomas d'Aquin, « Je crains l'homme d'un seul livre » – qui dit d'ailleurs le danger du fanatisme résultant de la lecture d'un unique ouvrage et la nécessité d'une diversification des points de vue –, pourrait se transformer pour Richard Malka, en : « Je crois l'avocat d'une seule cause. »

Il faut dire que depuis une vingtaine d'années, la question de la liberté d'expression est au cœur des débats de société. Des caricatures de *Charlie Hebdo* à l'assassinat de Samuel Paty en passant par l'affaire Mila, elle cristallise les crispations des sociétés démocratiques, universalistes et laïques en butte aux fanatismes de toutes sortes.

Puisque la récurrence des atteintes à cette liberté et des remises en cause fondamentales dont elle est de plus en plus fréquemment l'objet est le véritable révélateur de la santé d'une démocratie, les plaidoiries de Richard Malka, ces remparts perpétuels, ces refus des concessions, des lâchetés et des petits accommodements, entrent en résonance avec les grands débats de société, ce qui en fait des objets autant politiques que judiciaires.

C'est ainsi que de tribunal en tribunal, Richard Malka rappelle que la liberté d'expression n'a d'intérêt que pour protéger les pensées dissidentes, que l'on n'est pas Charlie « même s'ils exagèrent » mais « parce qu'ils exagèrent », qu'« il n'y a aucun salut dans le renoncement », qu'il existe une différence essentielle entre l'incitation à la haine d'une personne en raison de sa religion (qui est pénalement sanctionnée) et la contestation, même violente, d'une religion (qui relève du droit au blasphème), que le propre des démocraties est d'intégrer leurs opposants dans leur fonctionnement même, qu'Internet n'est pas un espace de non-droit et que le pseudonymat ne vaut pas immunité.

La parole de Richard Malka sauve les valeurs de la République. Menacées par la barbarie des actes, ces valeurs sont défendues par l'intransigeance des mots.

Sur la forme, il s'agit d'une parole éminemment moderne : précise, directe, simple, ramassée. Les mots sont choisis avec soin et le débit est fluide et naturel. C'est une belle illustration de la pensée de Pascal : « La véritable éloquence se moque de l'éloquence. » L'éloquence naît du dépouillement, de la sobriété, de l'absence d'artifice. L'éloquence, Richard Malka en est l'illustration, ce n'est rien d'autre que rendre intelligibles ses convictions, ses connaissances et ses émotions. Et même dans les déclarations les plus solennelles, Richard Malka ne surjoue pas la gravité, n'élève pas la voix, ne tonne pas, ne passe pas en force : au contraire, il ne se départit pas d'un petit sourire qui, contrastant avec la lourdeur des enjeux, dit l'évidence de sa cause (« Je souris car je suis surpris que l'on doive encore débattre de la question posée, alors que la réponse ne fait évidemment aucun doute »). Pascal, là encore : « Éloquence qui persuade par douceur, non par empire. »

Ces leçons d'art oratoire de Richard Malka, nous pouvons tous en profiter. Avec au premier rang d'entre elles la nécessité d'un travail très rigoureux en amont de toute prise de parole. L'aisance du moment, la fluidité, la justesse du propos ne peuvent naître que d'une préparation méticuleuse. De deux choses l'une : soit les exigences de précision sont telles qu'aucune approximation lexicale ne peut être tolérée, et cette préparation doit prendre la forme de la rédaction d'un texte qui sera lu ou récité (en s'efforçant, comme le fait Richard Malka, de donner de la spontanéité à cette récitation) ; soit on peut se permettre une liberté dans le choix des mots et cette préparation peut se borner à la simple définition d'un plan d'idées et de mots-clés que l'on adaptera dans l'instant, ce qui garantit le naturel (un peu comme une carte routière : pour aller d'un point A à un point B, je sais que je vais m'arrêter à telle station-service, à tel restaurant, mais je peux prendre une petite déviation ou faire une pause si je le souhaite).

Au cours de notre entretien, nous avons abordé avec Richard Malka la question délicate des restrictions à la liberté d'expression dans le domaine historique, et plus précisément du négationnisme. Deux thèses s'affrontent ici. Soit l'on considère que le négationnisme n'a pas sa place dans le débat public parce qu'il est une insulte à la mémoire des survivants et qu'il propage des thèses dont la fausseté est démontrée depuis longtemps. Soit l'on considère que c'est lui faire trop d'honneur que de le soustraire au débat public et qu'au contraire, comme ces bactéries anaérobies qui prolifèrent en milieu clos et meurent à l'air libre, son exposition à la contradiction suffirait à le réduire à néant. Richard Malka propose une solution intermédiaire qui serait de maintenir l'interdiction jusqu'à la disparition des derniers survivants de la Shoah. Une façon, encore une fois, de mesurer le poids de la parole à l'aune de sa capacité à changer des destins : la restriction pour le passé, par respect, la liberté pour l'avenir, par principe.

On joue !

Un argument pour chacun

Lorsqu'on s'exprime devant un auditoire silencieux et composé d'inconnus, on ne sait pas nécessairement quels arguments utiliser. Il faut donc multiplier les approches pour maximiser ses chances de convaincre. Pour vous entraîner, vous pouvez faire un discours devant une assemblée en cherchant à convaincre ses membres, par exemple, de télécharger telle ou telle application ou de partir en vacances dans un endroit que vous aimez. Imaginez que vous avez devant vous une série de boîtes correspondant chacune à un argument. Sur le dessus de chaque boîte est collée une étiquette avec la nature de l'argument (pour le lieu de vacances : les paysages, la gastronomie, l'histoire, les activités, les habitants, etc.). Indiquez la nature de l'argument et illustrez-le d'un exemple concret (« Vous devriez prendre vos prochaines vacances dans la baie du Mont-Saint-Michel, parce qu'on peut y faire des activités de plein air en famille. On peut notamment pratiquer la pêche à pied, la randonnée dans les dunes, le char à voile »). Puis fermez cette boîte et ouvrez-en une autre (« C'est également une région gastronomique. Entre les agneaux de prés salés, les galettes, le poisson, il y en a pour tous les goûts »). Et ainsi de suite. Demandez aux spectateurs de lever la main à chaque fois qu'un argument les convainc. Vous ne pouvez pas vous arrêter tant que toutes les mains ne sont pas levées.

Comment trouver des arguments ? Dans ce que les Grecs de l'Antiquité appelaient des « lieux » argumentatifs. Les lieux sont les types d'arguments qu'un orateur peut employer. Des lieux les plus courants vient l'expression « lieu commun ». Plusieurs « grilles » argumentatives peuvent être mobilisées : pensez par exemple aux matières que vous avez étudiées à l'école (existe-t-il, en faveur de la thèse que je défends, un argument philosophique, mathématique, historique, juridique ?), aux rubriques d'un journal (existe-t-il un argument politique, sociétal, culturel, géopolitique ?) ou aux intitulés des ministères d'un gouvernement (existe-t-il un argument lié au travail, à l'armée, au sport, à l'économie ?).

La parole sauve les textes de l'oubli : Guillaume Gallienne, le caméléon de la parole

Portrait

Il n'est pas l'homme des cadences silencieuses, il manie le verbe avec précision et délectation, sa pensée n'est jamais à l'arrêt. Quand Guillaume Gallienne prend la parole, l'auditeur est immédiatement happé, séduit puis subjugué. Embrasser la parole du comédien c'est accepter un voyage, une expérience faite de flots de mots, d'intonations tantôt mélodieuses, tantôt audacieuses. Il dit « la parole c'est la vibration du vécu », et lui est tellement réceptif à la musique des mots, à la personnalité des voix, qu'il sait percevoir dans la parole des autres une part de leur histoire, de leur psychologie, déceler leurs failles et leurs forces. « La voix, c'est le lien à l'inconscient. Je suis sensible à cela. Dans la prise de parole, on émet quelque chose d'intime. Je sais tout de suite si la personne qui me parle est hystérique par exemple, si elle se "victimise" ; je perçois immédiatement les réactions de colère un peu pointue, les distorsions, les trucs un peu étriqués... » Gallienne n'est donc pas un « beau parleur » mais un « bon parleur », à l'écoute ultra-affûtée, hypersensible. « Je suis par nature très attentif aux autres, mais c'est également mon métier qui veut ça : j'adore aller chercher les complexes, cela ne se niche pas que dans la parole, ça peut être la peau, le rythme du corps. Certains observent les étoiles, pour moi, les étoiles ce sont les êtres humains. J'aime les observer, les regarder, les écouter, comme un capteur. » Cette façon d'être tout le temps attentif aux autres est aussi un appel. « J'ai besoin qu'on fasse attention à moi. » Guillaume Gallienne le reconnaît volontiers, il a tendance à monopoliser la parole. « J'ai peur du vide, alors je remplis par les mots. Je sors souvent de dîners en pensant : "Je me déteste, j'en ai trop fait." Amandine, ma femme, me demande alors : "Mais qu'est-ce que tu risques à moins parler ?" Je réponds que je me sens contraint, obligé, j'ai l'impression qu'on attend ça de moi. Quand vous parlez, vous gardez le contrôle, ça fait un écran, un bouclier. »

Chez Gallienne, la parole a toujours été à la fois une défense et un moteur. Il s'est construit par ce biais en plusieurs temps : l'enfance bavarde, la parole brisée de l'adolescence, la parole salvatrice de la psychanalyse et la parole mise en scène du théâtre. L'enfant Gallienne a le verbe précoce. Une parole étrange, très érudite, suspecte à l'oreille des adultes. « Ma mère ne manifestait aucune tendresse physique, alors j'ai très vite compris que si je voulais un lien cela passerait par la parole. J'ai surdéveloppé mon vocabulaire. À sept ans, je parlais comme un adulte de trente ans. Il y avait une dichotomie entre mon âge et ma façon de parler. Dès qu'il y avait un nouveau mot, je demandais sa définition et je le réemployais à bon escient dans la seconde, mais je n'avais pas la maturité qui allait avec. » C'est pourquoi ses parents l'envoient consulter un pédopsychiatre, pour vérifier s'il n'est pas surdoué. « Le psy m'a sauvé en assénant : "Il y a des gamins qui développent plus la gestuelle… lui c'est les mots, il n'est pas surdoué, foutez-lui la paix." » Gallienne a saisi l'arme de la parole très jeune. « Je parlais tout le temps, je me souviens d'une sortie scolaire à Versailles où j'ai fait la visite à la place de la prof. À la sortie de l'école Hattemer où j'étais scolarisé en primaire, je disais aux mamans qu'elles étaient plus belles que les secrétaires de mon père. » Plus qu'une parole de séduction ou d'éclat, il déploie alors une parole de prise d'air, une parole de survie, comme une échappatoire. Guillaume, c'est alors cet ado qui vit avec ses grands bourgeois de parents et ses trois frères. Il possède une singularité dans son milieu social ultra-normé : il a des manières efféminées, aime se déguiser en impératrice Sissi. Ses frères se moquent de lui, sa mère l'aime avec pudeur, le considérant comme la fille qu'elle n'a pas eue, son père parfois l'humilie et tout le monde est persuadé qu'il est homosexuel. « C'est ce que je raconte dans mon spectacle et mon film *Les garçons et Guillaume, à table !* : toute sa vie ma mère a prononcé cette phrase névrotique et fondatrice. Puisque je ne répondais à aucun des critères, notamment de virilité, j'ai fait de cette parole singulière, qui lamine, un adjuvant de cette différence. Moi au moins, j'avais un prénom. »

Au collège, Guillaume n'est pas épargné. C'était à Passy-Buzenval à Rueil-Malmaison. « J'étais brisé, écrasé, il n'y avait plus de parole, on avait tué l'enfant en moi. Je n'arrivais à parler que dans le mensonge. Alors je suis allé voir un psy. La première fois je lui ai demandé : "Je suis malade ?" Il m'a répondu que je n'étais pas malade mais que j'avais besoin d'aide. » Aujourd'hui, il le reconnaît, la psychanalyse lui a sauvé la vie. « L'analyse m'a appris à ne plus essayer de rectifier un malheur en m'en rajoutant un autre, à ne plus soigner le mal par le mal. »

Adolescent, il a renoué avec la parole en pension en Angleterre. « Là-bas, on ne critique pas les gens sur leurs apparences, j'ai donc réussi à reparler mais en anglais. Pour moi c'est la langue de la liberté, la langue de confort qui rassure, celle dans laquelle je ne monte pas dans les tours. La langue de justice aussi. » Pourtant c'est dans la langue de Molière que la belle parole de Gallienne va se forger sur les planches. Le décès brutal à vingt ans de sa cousine Alicia, dont il est très proche, poétesse géniale dont il fera publier les textes des années après sa mort, provoque chez lui un électrochoc[1]. « Si je peux crever demain, alors je veux faire du théâtre. » Ce sera le cours Florent, le Conservatoire puis la Comédie-Française, dont il devient en 1998 pensionnaire et en 2005 le 513e sociétaire. Pendant quatre ans, il consulte la phoniatre Claude Fugain pour trouver sa voix. « J'avais la voix de ma mère, il fallait que je trouve la mienne. »

Le malade imaginaire, Oblomov, Lucrèce Borgia, il donne sa voix et son âme aux grands personnages de la comédie et de la tragédie. « La parole du comédien est au service de l'auteur qui est éternel, elle sauve le personnage. Elle sert à incarner des monstres, c'est une parole cathartique. Si tout est aseptisé, les gens vont péter les plombs, il faut du sauvage, il faut raconter l'irréparable, l'irréparable apprend à faire le deuil, et par conséquent à recomposer, à reconstruire ailleurs. Il faut raconter quelque chose de cassé, le théâtre raconte ça. Le théâtre casse ici et maintenant. »

Guillaume Gallienne utilise également sa voix pour sauver des textes, il est l'un des plus grands

---

1. Alicia Gallienne, *L'autre moitié du songe m'appartient*, Gallimard, 2020.

lecteurs à voix haute, et a même consacré pendant dix ans une émission de radio uniquement à la lecture de grands textes[1] : Proust, Hugo, Madame de La Fayette… Gallienne réenchante le patrimoine littéraire. « Il faut retranscrire l'âme de l'auteur, sa musique. Je ne lisais jamais avant, je découvrais toujours en direct. Ce sont les textes qui décident. Si vous lisez Hugo avec du lyrisme c'est foutu, Hugo se lit dru, le lyrisme n'appartient qu'à la langue, vous n'avez pas le droit de le prendre en charge, c'est tautologique, ça s'annule et c'est épouvantable. Pour lire le passage de la madeleine de Proust, il faut le ressentir, il y a des suspens de dingue, c'est vertigineux. Il faut être plus dans les mots que dans le style, le style ça enrobe mais vous n'allez pas au fond des choses. »

Pour Gallienne, la prise de parole du comédien, c'est « la poésie du corps, ce qui fait que le souffle sera juste ; si l'âme est juste, le souffle est juste, la parole est juste », le comédien ne déclame pas, « il poétise ». Il déplore le manque de poésie dans la parole publique contemporaine. « La prise de parole actuelle n'est pas très lyrique ni poétique, tout est compressé. Il n'y a plus de temps entre les phrases, ce temps qui permet à l'autre de recevoir ce que vous avez dit, de se faire un avis et peut-être de ne pas être d'accord. Il suffit d'écouter les archives sonores pour se rendre compte à quel point

1. *Ça peut pas faire de mal*, France Inter.

la parole était plus lente, mélodieuse, on percevait les longues, les graves, les aiguës, tout le spectre de la voix. Aujourd'hui, la parole publique est devenue atone et essoufflée. C'est dommage. »

Sauvetage, mode d'emploi

Lorsqu'on pense aux personnalités qui ont vu leur destin bouleversé par la prise de parole en public, le nom de Guillaume Gallienne s'impose très naturellement. L'éloquence de Guillaume Gallienne est singulière, reconnaissable entre mille. Précise, précieuse, perchée, intranquille. Mais surtout incroyablement protéiforme. Guillaume Gallienne est un caméléon de la parole. Il navigue du comique au tragique, de l'introspection au burlesque, du théâtre au cinéma en passant par la lecture à voix haute. On devine pourtant que sa parole n'a pas été toujours aussi volubile, jaillissante et presque frénétique qu'elle l'est aujourd'hui. Guillaume Gallienne jette des mots comme les poulpes jettent de l'encre : beaucoup, sans s'arrêter et dans un réflexe de protection et d'éloignement des autres. Il le dit d'ailleurs lui-même : tant qu'il parle, il contrôle l'espace sonore et n'est donc pas en risque qu'autrui s'aventure trop près de son intimité. L'abondance du verbe tient en lisière.

Il y a là, évidemment, un héritage de son parcours singulier avec la parole. D'abord une parole d'enfance si atypique qu'elle en fait un objet d'étude, ensuite une adolescence mutique, et enfin le goût retrouvé d'un verbe tantôt drolatique, tantôt incandescent, tantôt intime, tantôt loufoque. Et si l'on postule que la parole dit tout autant un message que la personnalité de celui qui le porte, et que l'orateur s'exprime comme on le dit d'un fruit dont on extrait le jus, on a rapidement l'intuition que chez Guillaume Gallienne le rapport à la parole est de l'ordre de la question vitale.

La première chose qui frappe, dans le regard que l'acteur porte sur l'éloquence, c'est l'« intellectualisation » qui le sous-tend. On pourrait aisément croire que Guillaume Gallienne est un comédien instinctif, qui fait confiance à son naturel expansif, à sa capacité à susciter l'hilarité en un instant. Ce serait infiniment réducteur. Il réfléchit de façon très approfondie aux grandes questions du théâtre : le rapport au texte, au public, aux partenaires de jeu, au quatrième mur, aux imprévus, à la mise en scène. Qu'il joue Lucrèce Borgia ou Gabrielle Chateckel (la désopilante directrice de casting irascible et détestable qu'il incarnait dans les Bonus de Canal+), il fait preuve de la même précision, de la même justesse, de la même maîtrise, de la même exigence.

En dépit de son unicité, de son originalité, de son exceptionnalité, ce parcours montre à chacun que la parole se conquiert, qu'elle est affaire de volonté et que le silence n'est une zone de confort qu'en apparence. Il témoigne aussi des multiples « portes d'entrée » vers la parole à la fois dans la forme (théâtre, cinéma, sketch) et sur le fond (comique, tragique, poétique, exubérant). C'est une chose que j'ai apprise en enseignant à Eloquentia : il faut libérer les carcans de la prise de parole, multiplier les configurations et les genres d'éloquence pour que chacun puisse trouver son style propre, sa « petite musique ». Parler, ce n'est pas seulement assumer sa personnalité, c'est la revendiquer. L'orateur qui, à l'inverse du comédien, dit ses propres mots, ne peut porter durablement un masque. La phrase d'Oscar Wilde si connue mérite toujours d'être rappelée à ceux qui sont persuadés qu'il y a un modèle unique, un canon absolu de l'éloquence : « Soyez vous-même, tous les autres sont déjà pris. » L'art oratoire n'est pas un lit de Procuste, ce lit sur lequel, selon la mythologie grecque, un brigand couchait de malheureux voyageurs, coupant les membres qui dépassaient et étirant les membres trop courts. L'orateur est son propre couturier, qu'il fasse du sur-mesure et non un uniforme !

Pendant tout notre entretien, Guillaume Gallienne a énormément bougé. Il s'est levé, a tourné autour de la table, a fait beaucoup de gestes. Sa prise de parole est marquée par l'omniprésence du corps, son verbe est indissociable de son placement dans l'espace, de son occupation physique des lieux. Chez lui, la liberté du corps fait partie intégrante de la liberté de la parole. Guillaume Gallienne mobilise – en tous les sens du terme – son corps au service de sa parole, et bien sûr le travestissement auquel il recourt volontiers s'inscrit dans ce rapport physique à l'oralité.

Il insiste aussi sur l'importance de la voix, dont il explique qu'elle révèle, si on sait l'écouter, toutes les émotions du locuteur, y compris à son insu (elle serait en quelque sorte, de ce point de vue, l'équivalent de la synergologie, qui détecte les intentions cachées des orateurs par l'analyse de leurs gestes). Raison de plus pour avoir, lorsqu'on prend la parole en public, une voix à la fois posée et variée. Cette voix un peu plus modulée que la parole ordinaire qu'on appelle la « voix d'implication ». C'est cette voix qui traduit l'investissement particulier de l'orateur dans son discours. La voix est une musique, et l'on n'écouterait pas la même note au même rythme et avec la même force pendant cinq ou dix minutes. Il faut donc faire un effort particulier pour varier en permanence le débit et l'intensité de la voix, placer des accents comme des spots qui mettent en valeur un mot-clé, ménager des ruptures de rythme et de « couleur » (passer d'un argument à une histoire, d'une confidence à une description, d'une émotion à une autre), et aussi songer aux silences : comme le blanc rehausse les couleurs, les silences rehaussent la parole.

Il y a quelque chose d'irrésistible chez Guillaume Gallienne : son investissement dans le dialogue, qui fait d'une rencontre avec lui un moment unique. Il se dédie entièrement à son interlocuteur, réfléchit, joue, plaisante, cite. Le tout sans aucun histrionisme. Et avec toujours la conscience que sa réconciliation avec la parole l'a sauvé de la solitude, lui a permis de faire de sa différence une force et de dire la si vaste palette de ses états d'âme.

En l'écoutant, je pensais à cette histoire. Un jour, un psychiatre reçoit un homme qui lui fait part de sa profonde mélancolie, de sa tristesse, de sa difficulté à vivre, de son inaptitude au bonheur. Le psychiatre lui dit : « Il y a actuellement en ville un cirque dans lequel joue un clown extraordinaire, il est irrésistiblement drôle, le public se tord de rire en voyant ses pitreries, allez le voir, cela vous rendra automatiquement le sourire, c'est le meilleur traitement que je puisse vous recommander. » Et le patient de répondre : « Je suis le clown. »

On joue !

La description à mots interdits

Le jeu se joue à trois. Une personne doit faire deviner un objet, un monument, un livre ou un film à une autre, sans utiliser de noms propres ainsi que trois mots qui sont choisis par le troisième joueur. Exemple : faire deviner *La Joconde* sans employer les mots « tableau », « sourire » et « femme » ; faire deviner l'obélisque sans employer les mots « monument », « place » et « hiéroglyphes » ; faire deviner *À la recherche du temps perdu* sans employer les mots « madeleine », « mère » et « retrouvé ».

Le discours multicolore

Pour vous aider à varier le ton, vous pouvez matérialiser chaque émotion de votre discours en le surlignant de couleurs différentes sur vos notes.

La parole sauve la planète : Clara Jamart, une verte conviction

Portrait

Mutisme sélectif. Le diagnostic a été posé des années après. Longtemps, Clara Jamart ne parlait pas aux inconnus, se sentait très gênée avec la prise de parole en public. Enfant, elle ne s'adressait qu'à ses parents, à ses grands-parents, à sa sœur et à une ou deux camarades de classe. Protecteurs, les adultes disaient d'elle : « Clara est timide », ou encore : « Clara est très réservée. » En fait, elle avait du mal à sortir de sa bulle sociale, elle se sentait bien dans sa position d'observatrice. « Plutôt que de parler, moi ça m'allait de regarder le monde, d'analyser les choses. » Jeune adulte, lors d'une thérapie, elle comprend que son mutisme d'enfant dénotait une peur d'un engagement émotionnel.

« Ça s'est débloqué petit à petit dans ma scolarité, mes études. J'avais des groupes d'amis assez restreints, je n'avais pas une aisance particulière pour aller vers l'autre. À Sciences Po, chaque fois que je devais prendre la parole en public, c'était vraiment un effort. Mon grand oral est un souvenir terrible, c'était pénible, heureusement cela ne se voyait pas trop, et donc cela ne me portait pas trop préjudice dans mes résultats. » Dès les débuts de sa psychanalyse, elle comprend que sa parole peut avoir une valeur, elle prend confiance.

Titulaire d'un master de relations internationales avec une spécialisation sur le développement durable, elle enchaîne les stages sur le terrain dans des associations de lutte contre la pauvreté. « Je voulais faire ça, le terrain, mais je me suis rendu compte que ce n'était pas complètement satisfaisant. J'avais vraiment l'impression que l'on mettait des pansements sur des jambes de bois, et que tant qu'on ne changerait pas les règles du jeu politique et économique, les rapports de domination, les inégalités seraient toujours là, on ne changerait pas fondamentalement la donne. Je me suis alors tournée vers les métiers du plaidoyer. Je me suis dit que je pourrais agir sur mon propre gouvernement, à l'échelle française, européenne. » Elle voulait intervenir au plus près possible des causes structurelles de la pauvreté. En 2012, Clara Jamart devient donc chargée de plaidoyer pour l'ONG Oxfam, sur les enjeux de sécurité alimentaire mondiale et de lutte contre le changement climatique. Au sein des ONG, les chargés de plaidoyer ou responsables de plaidoyer portent des messages stratégiques auprès des institutionnels et des politiques, pour influencer les décisions et obtenir des changements de politiques ou de règles.

Ce métier qui fait de la parole une arme a d'abord émergé dans le monde anglo-saxon, puis est apparu à la fin des années 1990 en France, avec notamment le développement des associations de lutte contre le réchauffement climatique. « Longtemps le métier du plaidoyer était suspect. Il y avait une confusion, on se demandait s'il ne s'agissait pas de faire du lobbying comme les entreprises ; ce n'est pas la même chose, le lobbying c'est chercher à influencer des décisions politiques et économiques pour défendre des intérêts privés, le plaidoyer c'est aussi de l'influence, sur les mêmes cibles, décideurs politiques et économiques, mais avec pour objectif final la défense de l'intérêt général et des droits humains, qui sont universels. » La parole que Clara Jamart véhicule est à la fois politique, engagée, technique et scientifique. « Contrairement à ce que l'on peut penser, c'est tout sauf une parole idéologique, on va s'appuyer sur des études scientifiques dans l'idée de les rendre audibles pour les décideurs mais aussi pour le plus grand nombre. » C'est une parole de vulgarisation qui s'appuie sur des faits, nourrie également d'enquêtes de terrain. « Nous faisons remonter des témoignages, nous allons chercher la parole de gens impactés par telle ou telle politique. » Une fois cette parole structurée, elle doit s'adapter à différents publics, gouvernement, députés, dirigeants d'entreprises, militants, bénévoles et finalement, faire passer le message dans l'opinion publique.

Aujourd'hui, Clara Jamart a rejoint Greenpeace, et même au sein d'une ONG aussi puissante elle a souvent l'impression que sa parole est celle de David contre Goliath. « C'est un travail de longue haleine – on ne se bat pas à armes égales –, qui peut apporter de belles satisfactions et quelques victoires, notamment quand on arrive à avoir un impact sur le législatif. »

Il y a trois ans était discutée à l'Assemblée nationale la loi dite « Alimentation », qui découlait des États généraux de l'alimentation. Greenpeace était chargé du dossier de l'introduction des menus végétariens dans les cantines scolaires, une proposition qui suscitait des tensions énormes, de la frilosité de la part du gouvernement et des députés. « Ils avançaient des arguments de mauvaise foi derrière lesquels se cachait le lobby de la viande. On a dû déployer des arguments scientifiques sur l'impact de la surconsommation de viande sur la santé des enfants, sur le changement climatique, sur la pollution de l'eau. Nous avons obtenu gain de cause contre l'avis du gouvernement. »

Même lorsque le chargé de plaidoyer parvient à convaincre son interlocuteur, le combat n'est pas pour autant gagné. « Ce n'est pas parce qu'on a des arguments scientifiques qui convainquent un interlocuteur qu'ils vont nourrir la décision politique. Ils peuvent entendre les arguments et malgré tout décider de ne pas nous suivre car ils ont d'autres échelles de priorité. Convaincre ne suffit pas toujours, c'est pourquoi notre parole doit être couplée au travail des militants pour renverser le rapport de force et montrer que l'opinion soutient. Plus il y a de monde qui exprime son indignation sur un sujet ou une demande de changement, plus on aura de chances que les décideurs nous écoutent. Ma voix n'a aucune valeur en tant que telle, elle n'en a que si elle est le reflet de la parole de milliers de gens derrière. » Clara Jamart se sent renforcée par cette parole-là. « Je ne suis pas élue, je n'ai pas de mandat, ma parole fait partie du contre-pouvoir, elle a un rôle de lanceur d'alerte, de garde-fou », clame-t-elle. Et pas question pour elle de basculer de l'autre côté, celui de la parole politique. « Ma parole a plus d'impact en étant dans le contre-pouvoir que dans le pouvoir ; elle est plus audible et constructive. »

À l'aune de l'émergence des mouvements de lutte contre le réchauffement climatique, de la façon dont les plus jeunes se sont emparés de l'urgence écologique, Clara Jamart avance dans son métier avec la certitude que la parole peut sauver la planète. « À force de messages martelés, de campagnes médiatiques, d'opérations coup de poing, notre parole a réussi à diffuser dans la société cette idée que la cause écologiste est une cause juste et que chacun a le pouvoir de se l'approprier et de la faire vivre. »

Sauvetage, mode d'emploi

Voici donc un nouveau métier – dont je constate dans les écoles où j'enseigne qu'il attire de plus en plus les jeunes générations – dont la dénomination même montre qu'il est tout entier tourné autour de la parole : chargé de plaidoyer. Non pas de plaidoyer en faveur d'intérêts privés, catégoriels, sectoriels ou corporatistes, mais de plaidoyer pour des causes universelles et d'intérêt commun, celles du climat, de la protection des espèces menacées, de la lutte contre la pollution, des droits humains, etc.

On est ici au cœur de la parole dite « performative », c'est-à-dire la parole qui transforme le réel. C'est qu'en effet, le langage n'a pas pour seule vocation de décrire le monde, il est tout autant destiné à le façonner. En cela, le langage est éminemment politique et les controverses contemporaines sur l'écriture inclusive ne sont que la prolongation sur le terrain linguistique des débats politiques sur l'égalité femmes-hommes. De même, l'adoubement par le dictionnaire du terme « féminicide » montre que le meurtre d'une femme est une réalité spécifique qui doit être nommée spécifiquement. En portant, au bénéfice d'associations ou de fondations, des causes politiques auprès des décideurs qu'ils informent et cherchent à convaincre par la parole, les chargés de plaidoyer assument pleinement cette fonction politique du verbe.

La parole des chargés de plaidoyer, ces « plaideurs d'intérêt public », est un aiguillon. Elle stimule, provoque, éveille, choque, bouscule, anime. Même si elle ne saurait être systématiquement suivie (puisque d'une part les causes qu'elle défend ne sont pas toujours des absolus et qu'il revient en définitive au politique, seul légitime pour cela, de ménager des équilibres entre des valeurs antagonistes, et que d'autre part la parole des lanceurs d'alerte doit comme toute autre être passée au crible du débat contradictoire et de la preuve), elle traduit un refus salutaire de s'incliner devant l'état du monde et contribue au combat opiniâtre contre les assoupissements de la pensée et la frilosité des actes. La parole, ici, nous sauve de l'abdication ou pire encore, du cynisme.

Et contrairement à la caricature que l'on en fait parfois, ce n'est pas toujours une parole de rêveur ou d'idéaliste à laquelle il conviendrait d'opposer un pragmatisme raisonnable toujours teinté d'une forme de fatalisme. C'est au contraire une parole construite, documentée et argumentée, qui repose sur les règles classiques de la rhétorique politique : le raisonnement causal (« Si vous ne prenez pas telle mesure, voilà ce qui va se passer »), la responsabilité (« Si vous ne votez pas telle loi, vous porterez la responsabilité de l'échec, puisque nous vous aurons mis en garde »), le bilan coût-avantage (« Nous avons plus à gagner qu'à perdre à l'adoption de telle règle »), l'appel à l'action (« La situation actuelle, et plus encore la dégradation qui s'annonce, n'autorise pas le *statu quo* ») et l'aide à l'action (par la transmission de données factuelles synthétisées ou d'amendements « clé en main »).

En creux, le succès de ces métiers de chargé de plaidoyer auprès des jeunes dit pourtant leur désaffection à l'égard du militantisme partisan classique. Soucieux de pragmatisme, de proximité, de sincérité, les jeunes se mobilisent moins pour des idéologies « englobantes » que pour des causes particulières : les violences faites aux femmes, le réchauffement climatique, la situation carcérale, l'illettrisme, la solitude des aînés, le mal-logement, l'accès à la culture, le sort des migrants, la souffrance animale, l'enfance maltraitée, le handicap, l'éthique dans la politique et les affaires. De façon très significative, l'émergence d'un nouveau visage de l'engagement de la jeunesse s'est traduite dans les mots. Il n'est plus question de révolution ou de « grand soir », et les valeurs essentielles sont désormais exprimées dans un pluriel moins grandiose mais plus concret : les solidarités, les libertés, les familles, les savoirs.

L'émergence des chargés de plaidoyer est aussi révélatrice d'un nouveau rapport de la jeunesse au travail. Il n'est plus question de perdre sa vie à la gagner, et l'on privilégie les professions porteuses de sens dans lesquelles valeurs personnelles et valeurs professionnelles se superposent. Idéalement même, il n'existe aucune dichotomie entre le salarié et le citoyen, le premier faisant profession de défendre les causes du second, dans un alignement harmonieux des convictions.

Quel bel hommage à la puissance salvatrice de la parole que l'essor de ces chargés de plaidoyer, messagers oratoires de leurs idéaux, de leurs révoltes, de leurs frustrations, de leurs aspirations, symboles heureux d'une jeunesse qui ne désarme pas, ne se résigne pas, et nous dit encore : « Soyons réalistes, exigeons l'impossible », avant qu'il ne devienne irréaliste d'exiger le possible.

On joue !

Résumer sa thèse

Il y a quelques années était apparu sur Twitter le hashtag #1livre10mots dans lequel des internautes s'efforçaient de résumer les grands livres de la littérature en une dizaine de mots. Cela donnait, par exemple, pour *Antigone*, « Enterrée vivante pour avoir enterré son frère : logique grecque », ou pour *Madame Bovary* : « Se marie. S'ennuie. Le trompe. Fait faillite. Se suicide. »
Entraînez-vous à faire de même avec un discours pour gagner en impact. Efforcez-vous de faire tenir votre thèse, sinon en 10 mots, du moins dans les 280 caractères d'un tweet. Une astuce : demandez-vous, si un journaliste était dans la salle, comment vous voudriez qu'il titre son article sur votre intervention.

La parole sauve la carrière des sportifs : Bixente Lizarazu, la reconversion d'un Bleu

Portrait

Bixente Lizarazu, c'est d'abord un sourire. Un sourire que l'on devine même derrière un masque en temps de pandémie. Ses yeux rieurs prennent le relais de sa bouche dissimulée. Dans l'exercice de l'entretien, il est très à l'aise, ce qui n'est pas le cas de tous les anciens grands sportifs, encore moins des footballeurs professionnels dont peu ont la parole facile. Il aime l'échange en tête-à-tête ou en petit comité. Moins les situations de prise de parole devant des groupes de cinquante à cent personnes. En revanche, il n'a aucun mal à parler devant les caméras lors des grands matchs de l'équipe de France, qui rassemblent des millions de téléspectateurs.

Le champion du monde de 1998 a négocié dès 2006 un nouveau tournant professionnel car il a su allier judicieusement son expertise footballistique et son aisance oratoire. Il a dépassé sa timidité pour inclure la parole dans sa vie professionnelle, et ça marche : commentateur sportif pour TF1 en duo avec Grégoire Margotton, intervenant régulier sur *Téléfoot*, animateur de sa propre émission de radio sur France Bleu, réalisateur de documentaires sur la nature, Bixente Lizarazu a trouvé des espaces pour s'exprimer. C'est ce qui s'appelle une reconversion réussie. « J'ai pu faire des études un peu longues pour un footballeur, une licence de Staps (Sciences et techniques des activités physiques et sportives) à l'université de Bordeaux, et plus récemment, en 2013, j'ai obtenu un master en communication, relations publiques et sport. Cela m'a beaucoup aidé à structurer ma pensée et à progresser à l'oral. »

Quand il était encore sur le terrain, l'ancien défenseur du Bayern Munich était ce qu'on appelle un « bon client » en interview, prompt à réagir à chaud au micro à la fin des matchs – victoires comme défaites – ou à développer sa pensée lors d'entretiens plus longs dans la presse nationale généraliste. C'est pourquoi, après l'Euro 2000, Étienne Mougeotte, alors patron de TF1, l'approche pour lui glisser qu'il ferait un très bon consultant. L'idée fait son chemin et, à peine les crampons raccrochés, le champion fait le grand saut. Convoité par Michel Denisot, il rejoint l'équipe de consultants de Canal+ pendant trois ans. TF1 le récupère à la fin de son contrat. Bixente apprend sur le tas. « Je n'ai pas suivi de média training, je me suis débrouillé. Le plus formateur a été la radio (il commente notamment l'Euro 2008 sur RTL avant d'y animer sa première émission, le *Club Liza*), c'est la meilleure école car elle forme à tous les exercices : la chronique, le commentaire en direct, l'interview… »

Il parle avec passion de cette reconversion marquée par la prise de parole en public, qu'il pratique avec de plus en plus d'aisance : « Je fais désormais confiance à ma spontanéité. Plus je prépare, plus je suis pendu à mes notes, plus je m'embrouille. Les matchs les plus préparés sont ceux où j'ai été le moins bon dans le commentaire. Évidemment, je n'arrive jamais les mains dans les poches lors des grands matchs, mais il y a dans le commentaire en direct cette richesse incroyable et cette grande liberté. On peut dire mille choses grâce à la qualité des actions, sans même avoir de notes. La matière est donnée par le match, par ce qui se trame entre les joueurs. Pour les chroniques et les émissions de radio, c'est différent, cela requiert des angles, ainsi je travaille à partir de mots-clés. Je ne peux rien faire en apprenant par cœur, je me méfie de ma mémoire. »

Avec l'expérience, Bixente Lizarazu sait comment faire vivre un match, presque comme s'il était sur le terrain. « J'adore le live, il ne faut rien louper, le commentateur est un peu comme un joueur, il n'a pas le droit à l'erreur. Je reste fidèle à ce que je suis, je m'efforce de faire passer un message clair, ma vision du foot, mon ressenti. »

Avec son « coéquipier » de micro, il a su instaurer une juste répartition des rôles et de la parole. « Avec Grégoire, on fonctionne en ping-pong, nous nous complétons, nous n'avons pas à la base le même métier, il est journaliste sportif, moi j'ai l'expérience du footballeur pro, nous apportons chacun notre expertise en respectant l'espace de l'autre. Et ça fonctionne très bien. »

Lorsqu'il était joueur, Bixente Lizarazu a connu la parole de vestiaires. Celle d'avant-match et de la causerie des entraîneurs. « Dans les vestiaires, il y a des statuts, il faut être légitime dans l'équipe pour prendre la parole, une légitimité donnée par l'ancienneté, le talent, la personnalité, si on est joueur titulaire ou non, capitaine. J'étais capitaine à Bordeaux et en équipe de France, j'étais un cadre. Je n'étais pas un grand parleur pour autant mais j'étais écouté et respecté. »

La parole du coach est capitale pour les joueurs. « À Bordeaux, Rolland Courbis a prononcé deux mots qui ont été déterminants pour moi : "Calme et tempête." J'avais du mal à canaliser mon énergie, cette image a fait tilt et m'a fait progresser. »

Puis il y a eu les mots d'Aimé Jacquet. « Quand j'étais à Munich et blessé, il me téléphonait pour me dire qu'il comptait sur moi et il est même venu me voir pour me témoigner sa confiance. À la fin, j'ai pu lui rendre ce qu'il m'a donné. C'était un juste retour des choses. » La bonne communication a joué un rôle décisif dans la réussite de cette équipe mythique de 1998. « Il y avait une parole fluide, on cultivait l'amitié, la complicité en dehors du terrain. Ensuite, c'était naturel d'aider son partenaire en match. Cette parole-là est essentielle pour renforcer l'esprit de groupe. J'ai aussi eu une magnifique relation de confiance, de sincérité avec Ottmar Hitzfeld, mon entraîneur au Bayern. Comme Jacquet, c'était un entraîneur à la parole claire et sincère. »

En tant qu'ancien timide, Bixente Lizarazu admire les bons orateurs. S'il ne cite pas d'exemples, de modèles, il dit : « J'ai un profond respect pour les gens qui maîtrisent l'oralité en toutes circonstances, qui trouvent toujours le mot juste, qui expriment avec précision leurs opinions. » En revanche, il se méfie des beaux parleurs, et surtout des « grandes gueules ». « J'aime les orateurs qui écoutent les autres, pas ceux qui braillent pour monopoliser l'espace. De même, une écoute non respectueuse ne me plaît pas. Et quand le ton monte, devient agressif, pour moi c'est déjà la fin de la conversation ou du débat sain. J'ai un rapport très respectueux à l'autre donc quand il y a une agressivité verbale en face, je le vis comme une agression physique et je me mets en position de défense de mon territoire… Je peux avoir un réflexe animal si on me provoque… Je ne cherche pas à avoir spécialement le dernier mot, je ne veux pas écraser l'autre. »

Par la parole, le sportif a donc appris à contrôler ce « feu intérieur ». Tout comme le contact de la mer, la parole est aujourd'hui pour ce Basque attachant à la fois un exutoire et un apaisement.

Sauvetage, mode d'emploi

Pour une surprise, c'en fut une. En ce soir confiné d'avril 2020, Yann Barthès reçoit dans *Quotidien* Bixente Lizarazu, en visio depuis sa maison du Pays Basque. Vient la séquence de la *playlist* où les invités doivent présenter leur livre, musique, jeu, plat du moment. À ce moment-là, Bixente brandit *La parole est un sport de combat*, expliquant que c'est son livre de chevet actuel, qu'il s'intéresse beaucoup à la question de la prise de parole en public et qu'il admire ceux qui en ont fait profession, notamment les avocats. Je suis évidemment sidéré. Comme toute personne de ma génération, je ne le connais que par sa carrière sportive exceptionnelle, par sa reconversion réussie, par la justesse de ses commentaires, et par une personnalité que je devine vive et chaleureuse.

Ayant pu obtenir son numéro de téléphone, je lui adresse un texto pour le remercier de ce choix inattendu. Réponse : « Dans mon métier de commentateur, la parole est aussi un sport de combat même si les enjeux sont moindres comparativement à une plaidoirie d'avocat ou un discours d'homme politique. » Quelques mois plus tard, nous poursuivons nos échanges dans son émission *Planète Liza* sur France Bleu, et je découvre un authentique passionné d'oralité, fasciné par les ténors de la politique et du barreau, se posant les bonnes questions sur la prise de parole, notamment celle si déterminante du rapport entre le travail préalable et la spontanéité du moment, insistant à de multiples reprises sur l'importance de l'écoute et du respect de l'interlocuteur et sur le rôle pacificateur de la parole.

Comment ne pas voir, dans les qualités à la fois innées et travaillées de Bixente Lizarazu en matière d'art oratoire, un facteur déterminant non seulement de sa notoriété lorsqu'il était joueur, mais également de sa reconversion une fois sa carrière sur le terrain terminée ? De la même façon que la maîtrise des codes de la prise de parole est un atout d'insertion professionnelle – pour une première comme pour une deuxième carrière –, elle permet également de ne pas s'enfermer dans un domaine et de passer, par exemple, du sport au journalisme.

Au demeurant, Bixente Lizarazu n'est pas le seul sportif dont le talent oratoire a contribué à une reconversion réussie. Nombre d'anciens sportifs ayant cultivé ce talent sont ainsi devenus conférenciers (l'ancien skieur Edgar Grospiron, l'ancien tennisman handisport Michaël Jeremiasz, par exemple), les entreprises étant très friandes du récit de leurs exploits et du partage de leurs valeurs, pour en tirer des enseignements internes sur la gestion du stress, la motivation des équipes, la résilience ou la performance.

Les centres de formation de jeunes footballeurs l'ont parfaitement compris, qui ont créé depuis 2019, partout en France, des concours d'éloquence. Exemple de sujets : « Quel est le meilleur match de l'équipe de France ? », « Réussit-on seul ? », « La pression est-elle nécessaire à la performance ? » On ajouterait volontiers : « Paris-Marseille : la réconciliation est-elle possible ? », « La surface mérite-t-elle une réparation ? » ou « Le tacle fait-il un carton ? ». Les points communs avec le programme Eloquentia sont évidents : il s'agit toujours d'utiliser la parole à la fois pour ce qu'elle est (une compétence sociale et professionnelle), pour ce qu'elle fait naître (la confiance en soi, l'estime de soi, la résistance au stress) et pour les valeurs qu'elle porte (l'écoute, le respect, l'engagement).

Et peut-être aussi une façon de laisser s'exprimer des personnalités et d'éviter à l'avenir les sempiternels poncifs des bords de terrains.

N'oublions pas, aussi, que le football a donné quelques très grands moments d'éloquence, au premier rang desquels l'extraordinaire causerie de Pascal Dupraz qui galvanise ses joueurs du Toulouse Football Club avant le dernier match de la saison

2015-2016, décisif pour éviter une relégation en Ligue 2.

Une très grande leçon d'art oratoire. Le coach est debout face à ses joueurs assis. Dès le début, il capte l'attention par une formule choc : « Je vais vous dire ce que peu de coachs disent. » On sait d'emblée que le discours va être unique. Dupraz poursuit : « Moi je vous aime. » Le discours va donc jouer sur le registre, rare dans ce contexte, du sentiment et de la sincérité. Progressivement, la voix monte, enfle, pour galvaniser à travers de nouvelles formules-chocs très positives : « Vous méritez de vous maintenir », « C'est magnifique ». Le coach fait ici le choix de susciter non pas la révolte par un discours critique ou pessimiste, mais l'enthousiasme par l'appel au dépassement de soi. La voix redescend et revient sur la tonalité du sentiment. Dupraz explique aux joueurs que l'encadrement et les supporters les aiment. C'est alors qu'intervient l'idée géniale : à l'insu des joueurs, l'entraîneur a demandé à leurs familles d'enregistrer des messages d'encouragement qui sont diffusés sur l'écran. « Ce qu'on va voir, c'est des gens qui vous aiment. Ils attendent de vous serrer dans leurs bras. Ouvrez les yeux, c'est juste beau, c'est juste votre vie », annonce-t-il. Apparaissent alors sur l'écran des visages de compagnes et des bouilles d'enfants. L'irruption de la sphère privée dans l'activité professionnelle, c'est imparable. Les larmes coulent. Le coach conclut, à mi-voix : « À l'issue de la rencontre, vous serez des héros. »

L'éloquence, droit au cœur, et droit au but.

On joue !

Dupraz, Cicéron des vestiaires

Cicéron avait théorisé les cinq parties du discours. En premier lieu l'exorde, entrée en matière destinée à capter l'attention et la bienveillance de l'auditoire. En deuxième lieu la narration, pour expliquer ce qui justifie le discours et illustrer la thèse que l'on va soutenir. En troisième lieu l'argumentation, qui développe les arguments au soutien de sa position. En quatrième lieu la réfutation, pour combattre les arguments adverses. En cinquième lieu la péroraison, qui clôture le discours en insistant sur l'enjeu et l'appel à l'action. Instinctivement ou consciemment, Pascal Dupraz, dans sa causerie, suit très exactement cette structure. Saurez-vous identifier ces phases ? Et saurez-vous les repérer dans l'un des discours les plus célèbres de Cicéron, la première *Catilinaire*, dont le texte se trouve facilement sur Internet ?

La parole sauve des névroses enfouies : Jean-Pierre Winter, le divan libérateur

Portrait

Écrire un livre sur la parole qui sauve sans se confronter à un psychanalyste était inenvisageable. Jean-Pierre Winter nous ouvre la porte de son appartement parisien et nous invite à prendre place autour d'une table basse recouverte d'ouvrages de psychanalyse, où Naouri côtoie Dolto. D'emblée, il a la parole généreuse et précise, mêlant histoire personnelle et théories lacanienne et freudienne.

Dans la pratique, le psychanalyste passe l'essentiel de son temps à se taire, à écouter plus qu'il ne parle, et pourtant il a un rôle majeur dans la prise de parole de l'analysant. Car quand on va voir un psychanalyste, on ne parle pas seul, on parle en présence de l'analyste, une présence habitée, une présence sans laquelle le travail ne peut pas se faire. Winter insiste d'ailleurs sur l'engagement de l'analyste, qui oscille entre « parole vide », ponctuée par des relances, des formules d'acquiescement, des preuves d'attention, et « parole pleine », qui porte la mémoire transfamiliale grâce à des associations.

« Le contexte, c'est l'écoute. Au café du commerce, vous parlez dans le vent finalement, dans le cabinet du psychanalyste la parole est entendue, en la référant à d'autres choses déjà entendues », souligne Jean-Pierre Winter, qui fut élève de Jacques Lacan dont il loue la pratique libre, jamais mécanique, sans aucun autoritarisme. Il ajoute avec humour : « La psychanalyse, c'est une pratique du blablabla, jusqu'à ce que la parole soit entendue. » En psychanalyse, c'est la parole qui provoque l'écoute, on entend à la fois ce qui est dit et son dire. Ainsi débute la « cure de parole », traduction française de l'expression « *talking cure* » que l'on doit à Sigmund Freud. Le sujet prend conscience de ses expériences, il peut donc se délivrer de ses angoisses en les énonçant.

« Souvent on dit que le psychanalyste se met dans un fauteuil et attend que ça se passe, mais dès lors que je parle en présence de quelqu'un il y a de l'interlocution, et puis il n'y a pas que la parole, il y a plein de signes, le regard, la posture, l'habillement… Je me souviens d'un acteur célèbre, qui, la première fois qu'il est venu me voir, est arrivé vêtu comme un clochard, alors qu'il était richissime. Lors de notre premier entretien, il me parle du fait qu'il n'est pas comme ses collègues, qu'il ne « cabotine » pas. Pensant à la manière dont il est habillé je lui demande : "Est-ce que vous avez un chien ?" Une association d'idées se fait, et là il parle d'un chien de son enfance qui a joué un rôle très important et dont il n'aurait peut-être jamais parlé, en tout cas pas dans le premier entretien, il ne s'y attendait pas. »

Jean-Pierre Winter a toujours su, ou presque, qu'il voulait devenir psychanalyste. « Entre quatorze et dix-neuf ans, j'ai passé une grande partie de mon temps à lire Spinoza puis Freud et toute la littérature psychanalytique disponible. » Puis, il se plonge dans les *Écrits* de Lacan, sans rien comprendre dans un premier temps. Deux phrases résonnent en lui : « L'analyste ne s'autorise que de lui-même et de quelques autres » et surtout : « L'inconscient est structuré comme un langage. » Il éclaire la première phrase : « Quand on est analyste, pour intervenir on ne s'autorise que de soi-même, on n'intervient pas au nom d'une religion, d'un dogme, ni même au nom de la psychanalyse, on ne s'autorise que de soi, c'est-à-dire de ce que le patient a dit et de ce qu'on a entendu. »

Et précise la deuxième : « C'est en travaillant sur la langue parlée par le patient et en lui demandant d'associer sans souci de rationalité sur ce qu'il vient de dire (par exemple quand il raconte un rêve) qu'on va pouvoir atteindre éventuellement ce qui se dit dans ce qui s'énonce, alors que jusque-là on ne pouvait pas l'atteindre parce que, par définition, l'inconscient est inconscient. Il n'y a pas d'autre instrument que la parole pour le psychanalyste. »

La réflexion sur la parole psychanalytique est chez le cofondateur du mouvement du coût freudien étroitement liée à son rapport aux langues et à son histoire familiale. Ses racines sont à chercher à l'Est, en Hongrie, avec une culture juive traditionnelle du côté maternel. « Une famille d'exilés hongrois rabbiniques avec une très forte propension à la pratique du pilpoul, cette joute verbale sur l'interprétation du Talmud. » Du côté paternel, le rapport à la parole est beaucoup plus compliqué. « Mon père est originaire de Transylvanie. Il s'est échappé d'un camp soviétique, il a pu regagner son village natal en Hongrie et a emporté avec lui un seul objet : *Les Misérables* de Victor Hugo, en hongrois. À son arrivée en France en 1947, il ne parlait pas français, il était mutique, alors que ma mère était très agile avec la parole, très littéraire. » Le père devient tailleur dans le Sentier, il y apprend le yiddish et s'exprime dans un sabir fait de hongrois, de français et de russe. Alors que ses parents ne pratiquent pas vraiment la religion (« ma mère était une juive de kippour »), l'enfant Winter est envoyé très tôt dans un Talmud

Torah, de telle sorte qu'il apprend l'hébreu avant de savoir lire et écrire le français. Puis il investit la langue française par la lecture boulimique de classiques et de livres sur la Shoah présents dans la bibliothèque de sa mère. Plus tard, dans son analyse avec Lacan, il a travaillé sur son rapport aux langues. « Je ne savais rien de ma généalogie paternelle, je n'avais pas de soubassement généalogique ; du côté linguistique, je me suis rendu compte que la langue hongroise a la particularité de faire partie du groupe linguistique finno-hongarien qui regroupe le finnois, le hongrois et le basque, qui n'ont rien en commun sinon qu'on ne connaît pas l'étymologie de ces trois langues. J'étais donc au-dessus du vide. »

En 1968, ses parents font faillite, ils s'installent en Israël, et lui, le lycéen, reste à Paris. Il commence son analyse avec Jacques Lacan à dix-neuf ans. « Je l'appelle au culot, un samedi parce que je savais que ce serait lui qui répondrait ce jour-là. Je lui explique que je veux faire une analyse et que je veux devenir psychanalyste, il me rétorque : “Qu'est-ce qui vous fait penser que c'est à moi que vous devez vous adresser pour ça ?” Je réponds : “J'ai des amis italiens qui viennent régulièrement à Paris pour faire une analyse avec vous, ça m'a donné envie de vous contacter.” Il me demande du tac au tac : “Qu'avez-vous à voir avec l'Italie ?” Et je lui réplique : “Tout monsieur.” Il me dit : “Venez me voir mercredi”, et raccroche. Comme il n'avait pas précisé l'heure, je rappelle le lundi. Sa secrétaire Gloria me répond : “Il vous a dit de venir mercredi ? Alors venez mercredi”, et raccroche. Mon travail avec lui a duré dix ans. »

Le moment important de l’analyse est le passage du face-à-face au divan. « Le divan est nécessaire pour que le patient ne puisse pas se fixer sur autre chose que la parole pour savoir ce qu’il a à dire. » Sans entrer dans la polémique du coût d’une analyse, Jean-Pierre Winter explique pourquoi il est important que le patient paie. « La psychanalyse, c’est une jouissance de la parole, il faut payer cette jouissance que le patient éprouve à dire pour qu’il en soit libéré ; ainsi en fin d’analyse, il n’est pas en dette avec son analyste, on ne lui doit plus rien, d’abord parce qu’on a payé régulièrement, mais aussi parce que tout ce qu’on a pu faire, tout ce qu’on a pu mettre en acte comme jouissance de la parole a été compensé. » Jean-Pierre Winter a donc contribué à sauver des centaines de patients par le biais de la parole, et lui-même doit à la parole une forme de rémission. « La parole m’a sauvé des symptômes d’inhibition et d’angoisse térébrante, de ce qui s’est présenté au départ comme un sentiment d’inexistence, elle m’a fait passer de la vie à l’existence. Ça vous donne un sentiment d’épaisseur. »

Sauvetage, mode d'emploi

Le travail psychanalytique repose exclusivement sur la parole. Pas de chimie, pas d'examen, pas de prélèvement. « Des mots, rien que des mots, ses propres mots. » Car si le psychanalyste, d'abord visible en face-à-face puis invisible derrière le patient, oriente et suggère, catalyse et accompagne, le patient a en lui l'essentiel des clés de sa propre guérison. C'est lui, d'ailleurs, qui fixera le terme de son propre travail analytique. Et puisque tous les psychanalystes ont, peu ou prou, fait une analyse, ils présentent également la particularité d'être les seuls médecins à avoir systématiquement testé sur eux-mêmes le traitement qu'ils donnent.

Il y a là, évidemment, une troublante inversion de la logique médicale classique, où le rétablissement vient de l'extérieur, par la prise de tel ou tel remède choisi pour le patient par le médecin dans la pharmacopée. Dans la psychanalyse, le langage n'est pas un vague outil de méditation ou de réconfort narcissique : sur le divan, les mots, quelles que soient les diverses écoles de la psychanalyse, permettent à la fois de nommer les manques, les désirs, les incomplétudes, de les exprimer, de s'y confronter, d'en chercher les causes profondes.

Et le résultat est là : alors même que dans la quasi-totalité de cet ouvrage, la notion de parole qui « sauve » est prise métaphoriquement, elle est ici prise au sens propre, puisque la psychanalyse permet – pas toujours d'ailleurs, Jean-Pierre Winter explique que certains y sont imperméables – de réelles guérisons, selon des modalités et des rythmes évidemment variés. « La guérison advient par surcroît », écrit Jacques Lacan, mais même si l'analysant ne gagne qu'une meilleure connaissance de lui-même et une capacité à vivre avec ses souffrances, la parole aura accompli son office.

Une parole, observe d'ailleurs Jean-Pierre Winter, qui est par construction toujours héritée. L'enfant, né sans parole, acquiert le langage par l'imitation, en utilisant des mots qu'il entend dans la bouche des autres mais que dans un premier temps il ne comprend pas : ce que Jean-Pierre Winter appelle des « détritus de langage ». C'est dire à quel point le langage nous ancre dans un milieu, et finalement nous assigne, nous catégorise et nous marque. Tout ce que les travaux sur la reproduction sociale, et notamment ceux de Pierre Bourdieu, ont illustré, et que le programme Eloquentia, avec ses très modestes moyens, tente de dépasser. Ce qui avait, aussi, pour partie justifié le titre *La parole est un sport de combat*, clin d'œil au film de Pierre Carles sur Pierre Bourdieu intitulé *La sociologie est un sport de combat.*

Le langage étant ainsi à la racine de tout dès notre enfance, il est logique qu'il vienne, plus tard, nous sauver des maux que cette enfance a pu susciter. Du berceau au divan, on n'échappe pas aux maudits mots dits.

On joue !

Ouvrez la fenêtre... d'Overton !

On désigne sous le nom de « fenêtre d'Overton » les idées qui, à un instant T, apparaissent « dicibles » dans une société. Cette fenêtre peut évidemment varier, et des idées qui étaient hier impensables peuvent, sous l'effet des circonstances ou des discours ambiants, devenir acceptables. Pour être viable, une idée doit se situer dans la fenêtre, d'où l'importance de la faire bouger pour y intégrer ses convictions. Telle est la stratégie rhétorique des partis extrémistes qui s'efforcent de faire passer leurs idées pour « pragmatiques », « de bon sens », « respectables », « dédiabolisées ». Overton distingue six phases, de la plus éloignée de la fenêtre à la plus centrale : impensable, radicale, acceptable, raisonnable, populaire, politique publique. L'idée d'un confinement généralisé de la population pour faire face à l'épidémie de Covid-19 a franchi ces phases en quelques semaines ! Et vous, quels arguments pourriez-vous utiliser pour faire progressivement entrer dans la fenêtre d'Overton, par exemple : la GPA, le rétablissement de la monarchie en France, le retour au franc, la nationalisation des banques ?

La parole sauve des ténèbres : Éric de Moulins-Beaufort, l'archevêque qui éclaire la parole religieuse

Portrait

« Je suis persuadé que la vraie parole prend naissance dans le silence ; j'aime beaucoup le repas pris en silence chez les religieux, cela permet de créer un espace intérieur dans lequel la parole prend toute sa place. Lorsque je travaillais à ma thèse, j'ai passé des périodes de plusieurs semaines chez des religieuses. Pendant le repas il y avait des lectures, et on parlait seulement au dessert. J'ai aimé cet équilibre. Nous vivons aujourd'hui entourés de beaucoup trop de bruits, nous en avons pris conscience pendant le premier confinement lorsque les villes ont été plongées dans le silence. » Mgr Éric de

Moulins-Beaufort, cinquante-neuf ans, a le verbe facile, la parole fluide, claire, loin d'être obscurcie par le dogme. Il reçoit à l'archevêché de Reims, diocèse où il officie depuis 2018.

Il est depuis 2019 le président de la Conférence des évêques de France, instance qui rassemble les évêques de l'Église catholique de France et les représente devant les autorités publiques et auprès du Pape. « Dans mes prêches, je ne prescris pas des comportements, mais je m'efforce de les éveiller. Mon souci est d'arriver à faire sentir que la parole du Christ est faite pour s'accomplir, qu'elle dit quelque chose aujourd'hui. Mais le point d'impact pour une telle parole me semble être dans la liberté profonde. »

C'est d'ailleurs la parole d'un prêtre qui a suscité en lui la vocation. Il avait onze ans, sa famille était fervente et pratiquante. Un prêtre, un jour, a parlé. Il s'est senti concerné, sa voie lui était donnée. L'adolescent a gardé cela comme un secret jusqu'au bac ; passionné d'histoire, il s'inscrit d'abord à Sciences Po avant d'entrer au séminaire. Il est ordonné prêtre à vingt-neuf ans. Lorsqu'il prêche, Éric de Moulins-Beaufort essaie de ne pas se soucier de l'image qu'il peut produire, ce qu'il a appris auprès de l'archevêque de Paris André Vingt-Trois dont il fut le secrétaire particulier de 2005 à 2008. Il s'efforce de penser à la diversité des personnes présentes. Il a le phrasé naturel, et une capacité à s'adresser à tous, aux adultes, aux enfants, à ceux qui croient, à ceux qui ne croient pas. « Le souci de parler à tout le monde m'habite, faire en sorte que la parole des évangiles puisse rejoindre les attentes intérieures dans l'assemblée. » Sans pour autant chercher à faire l'unanimité. « Le but n'est pas de faire des fidèles des amis, ni de les repousser d'ailleurs, mais de susciter par la parole du Christ une liberté qui va nous amener à faire des choix parfois radicaux. »

Jadis, la prédication fut souvent un enseignement moral ou doctrinal, mais elle n'était pas nécessairement intégrée dans la célébration elle-même. Comment une parole datant de plusieurs millénaires peut-elle encore toucher juste et s'inscrire dans notre société ? « C'est le Christ qui parle à l'assemblée d'aujourd'hui. Il y a des sujets que l'assemblée attend et d'autres dont elle ne veut pas entendre parler mais qu'il faut évoquer quand même. Quand il y a une actualité forte, comme les attentats, l'utilité de cette parole se fait sentir avec plus de facilité. Un tel drame réunit l'assemblée, les fidèles attendent du prêtre qu'il en parle. Certains sujets sont plus compliqués, comme la politique par exemple, dont l'Évangile ne parle jamais. C'est au prédicateur de peser ce qu'il est utile de dire ou non, s'il faut parler du réchauffement climatique, de l'immigration, de la parité, du divorce… »

L'archevêque convient que la parole religieuse peut apparaître pauvre aujourd'hui, entend les critiques des fidèles sur la prédication, mais il pense qu'il y a surtout un problème d'écoute. « Ce qui est fondateur du christianisme c'est la parole proclamée, qui n'est pas la nôtre, et dont nous sommes les porte-parole. À la messe, on proclame un passage de la parole de Dieu, tout le monde croit le connaître, grande est la tentation de se dire : je connais donc je ne vais pas écouter. C'est un effort de l'écouter vraiment. Si nous améliorions notre capacité d'écouter cette parole à neuf, il serait plus facile de faire en sorte que la parole soit mieux entendue et mise en œuvre. Je pense que dans notre civilisation, nous sommes tentés d'essayer de comprendre le message plutôt que d'écouter vraiment la parole proclamée. Pour ma part, chaque année, des aspects nouveaux du Christ m'apparaissent. Une telle parole sauve des ténèbres. »

Mgr de Moulins-Beaufort soigne ses homélies. Trop souvent les fidèles jugent la qualité de la messe à la qualité de l'homélie, alors qu'il ne s'agit pas du moment principal. « L'homélie du dimanche s'adresse à l'intime de chacun, elle ne doit pas être une parole autre que celle du Christ, c'est très spécial. Cela m'anime beaucoup, j'ai donné ma vie pour ça, donc je ne m'imagine pas improviser, j'aurais l'impression de manquer à mon travail. Aujourd'hui, je commence à la préparer le vendredi. Quand j'étais jeune prêtre, il m'est arrivé de prêcher sans avoir rien préparé. Un jour, à la fin de la messe, une femme est venue me voir pour me remercier, j'ai trouvé ça injuste, j'avais abusé de la facilité. »

En tant que président de la Conférence des évêques de France, Éric de Moulins-Beaufort porte la parole de l'Église sur la scène médiatique. « Cela demande un travail de préparation et de réflexion, ce n'est pas pareil de s'adresser aux lecteurs de *La Croix* ou à ceux du *Journal du Dimanche* par exemple, cela requiert des adaptations, des ajustements. La difficulté est d'arriver à faire entendre la parole chrétienne sans être dans la provocation ou la condamnation. Aujourd'hui, l'Église ne peut plus se permettre d'avoir une parole en surplomb. Il faut trouver une parole qui intéresse, qui apporte à la discussion, au débat. Ce n'est pas forcément une parole humainement acceptable, mais ce doit être une parole qui sert, qui pourrait résonner dans le cœur de beaucoup. »

« Pape de France », il œuvre également au dialogue interreligieux, même s'il reconnaît qu'il est difficile d'avoir une parole commune avec les autres religions. « Médiatiquement on entend notre parole commune en relation avec des contraintes de l'actualité ; heureusement, entre responsables des cultes nous travaillons ensemble hors de ces contraintes circonstancielles. Pas besoin qu'il y ait un crime pour que les évêques de France condamnent l'antisémitisme. »

L'archevêque est persuadé que l'Église a une responsabilité de parole en France. « L'Église catholique fait corps avec l'histoire de France, les catholiques de France ne peuvent guère se déclarer étrangers à l'histoire du pays, les juifs, les musulmans et même les protestants n'ont pas exactement cette responsabilité. Par ailleurs, une grande partie des Français se sentent catholiques, bien plus que ceux que l'on voit à la messe, il faut bien l'intégrer lorsque nous prenons la parole. »

Sauvetage, mode d'emploi

Le saviez-vous : il existe en France un Service d'optimisation des homélies ! Créé à l'initiative de paroissiens, mais soutenu par l'Église, ce service dont le nom même traduit l'irruption du vocabulaire managérial (voire fiscal !) dans le sanctuaire du culte, manifeste un besoin : celui de rendre la prédication plus attractive, moins rébarbative, moins répétitive. Et de fait, qui n'a laissé ses pensées vagabonder, sur la chaise empaillée bancale ou l'inconfortable banc en bois d'une église, face à une homélie poussive ou déjà entendue ? Chacun connaît cette musicalité si particulière de la prédication, cette prosodie un peu chantante, presque psalmodiée, ce phrasé un peu lent, un peu affecté, ces manières un peu compassées qui confèrent au propos un caractère tantôt artificiel, tantôt hermétique. On le dit d'ailleurs : « Tu parles comme un prêtre. »

C'est que pour les hommes d'Église, le défi est immense : la rhétorique religieuse s'apparente à d'infinies variations sur un même thème. À force de répéter à chaque célébration, parce que le rite le commande, très exactement les mêmes phrases, à force de lire et relire les mêmes textes, on a vite fait de s'enfermer dans une mécanique, une habitude, et de perdre de vue le sens des mots que l'on prononce. Comment conserver l'émerveillement lorsque des prières ont été dites et redites jusqu'à épuisement, comment faire que la fréquence et la répétition n'altèrent pas la force du propos, comment continuer à voir le miracle derrière la scansion ?

Au-delà des liturgies gravées dans le marbre, des invocations immuables et des intangibles textes sacrés, l'office du prêtre est de faire vivre et d'habiter ces mots qui pourraient apparaître abstraits, plaqués, jargonnants voire interchangeables, et qui pourtant constituent la substance de la foi : l'amour, l'action de grâce, la sainteté, la miséricorde, le péché, le pardon, l'espérance, le salut, la résurrection, la vie éternelle.

C'est précisément là qu'intervient l'art oratoire. Éviter à tout prix la monotonie du débit et de l'intensité, ne pas reproduire pour chaque phrase les mêmes intonations ou inflexions, mettre des accents comme des spots lumineux sur les mots-clés. Surtout, parler naturellement, simplement, sans chercher d'effet de cérémonie, de componction ou de grandiloquence. Parler, somme toute, c'est deux choses : la forme pour se faire entendre et le fond pour se faire comprendre.

L'enjeu est évidemment important, car de la capacité des ministres du culte à susciter l'attention et l'intérêt des fidèles par une parole intelligible, pertinente et percutante dépend aussi la fréquentation des offices. Il ne s'agit pas de dire que la messe devrait être un *one-man-show* ou de prendre le sacrement pour un spectacle. Même si l'homélie est pour ainsi dire l'unique « figure libre » de la messe, il y aurait probablement une forme de vanité pécheresse pour l'officiant à succomber à la tentation d'une parole virtuose qui le mettrait en valeur au détriment de la transmission de la « bonne nouvelle » dont il n'est que le dépositaire et devant laquelle il doit s'effacer. *Vanitas vanitatum et omnia vanitas* : à l'église, on vient d'abord écouter la parole de Dieu, pas la parole absolue du prêtre. Mais précisément, parce que la parole contingente du prêtre incarne, transmet, commente, analyse, explique la parole de Dieu, les deux sont en réalité indissociables. C'est la raison pour laquelle les homélies, les prêches, les sermons, les prônes, mais au-delà le catéchisme, la pastorale, la lecture, la prière, les sacrements n'échappent pas aux canons de la prise de parole en public. Quelle que soit la force du message – et il n'y a guère plus fort que le message divin, qui n'est rien d'autre que le salut des hommes –, il doit être porté par l'éloquence des hommes d'Église.

En particulier, dans un monde de plus en plus sécularisé, la prédication pose le problème du pathos, au sens rhétorique du terme : à qui parle-t-on lorsqu'on prêche ? C'est ce qui m'avait frappé lorsque j'avais entendu Mgr de Moulins-Beaufort en chaire, à l'occasion de la confirmation de deux de mes filleuls : sa capacité à s'adresser aux jeunes comme aux adultes, aux croyants comme aux non-croyants, aux parents comme aux amis, aux frères et sœurs comme aux parrains et marraines. À chacun, avec des mots simples, adaptés, concrets, il parlait de la place de Dieu dans sa vie, des moments de doute voire de révolte, de la charité, de la foi, du mal, des rapports humains, réussissant cet équilibre délicat entre la transmission du dogme et son application aux vicissitudes de l'existence, entre l'éternel et le temporel.

Et cette parole sauve, par nature. Représentant de Dieu sur terre, le ministre du culte, par les sacrements qu'il célèbre, sauve des ténèbres par le baptême et la confirmation, sauve du péché par la confession, sauve de la souffrance par le sacrement des malades, fait vivre le Christ dans l'hostie par l'eucharistie, sauve l'Église par l'ordination, consacre l'amour par le mariage.

Tout passe donc par la parole : la création (« Dieu dit : “Que la lumière soit”, et la lumière fut »), la bénédiction (« Que Dieu vous bénisse »), la rédemption (« Dis seulement une parole et je serai guéri »), les miracles (« “Je te l'ordonne, dit-il au paralytique, lève-toi, prends ton lit, et va dans ta maison.” Et à l'instant, il se leva, prit son lit, et sortit en présence de tout le monde »), l'enseignement (la parabole est bien l'ancêtre du storytelling, et les Évangiles montrent verset après verset à quel point Jésus était un tribun exaltant, subversif, libre, révolutionnaire, insurgé, ce qui n'est pas étranger à sa crucifixion).

Les chrétiens n'ont pas le monopole du sauvetage par la parole, d'ailleurs : dans l'hindouisme et le bouddhisme, les mantras, ces phrases sacrées, sont également dotés d'un pouvoir spirituel.

Et bien sûr, il sera encore question de parole au moment du Jugement dernier. Quelle plus belle question d'ailleurs que celle que Bernard Pivot posait à ses invités de *Bouillon de culture* : « Si Dieu existe, qu'aimeriez-vous, après votre mort, l'entendre vous dire ? » La réponse de Robert Badinter : « Tu as fait ce que tu peux, entre. » Celle de Jean d'Ormesson : « Entre, pauvre imbécile. » Et celle, énigmatique et sublime, de François Mitterrand : « Enfin, tu sais. »

On joue !

Le jeu de la description

Parler, c'est aussi décrire des personnages, des situations ou des lieux. Pour tester vos capacités à ce propos, décrivez le personnage, la situation ou le lieu de votre choix face à un interlocuteur qui, au regard de vos indications, va le/la dessiner. Comparez le dessin à ce que vous aviez en tête, vous serez peut-être surpris !

La parole sauve des vies : Sophie Tal Men, les mots qui soignent

Portrait

Sophie Tal Men est neurologue et romancière à succès, elle a donc un rapport singulier à la parole en général et aux mots en particulier. Cette passionnée de théâtre a longtemps hésité entre des études littéraires et la voie familiale, médecine. Elle est la fille d'une kinésithérapeute et d'un médecin généraliste de campagne, son grand-père dirigeait un sanatorium.

« J'ai écouté mon père qui, à juste titre, m'avait dit que je pourrais envisager l'écriture comme un hobby, ce qui n'est pas du tout le cas de la médecine ! Je suis donc devenue neurologue, un métier passionnant, et, mes enfants grandissant, j'ai eu davantage de temps pour moi. Le soir, j'ai commencé à me mettre devant mon ordinateur et je me suis lancée dans l'écriture. Mon travail de médecin nourrit mon imaginaire. Je crois que c'est ce qui fait aussi mon originalité et qui me donne un regard particulier sur le monde qui m'entoure. Mon métier me fait rencontrer énormément de gens, et le fait d'entrer dans leur intimité m'apprend beaucoup sur la nature humaine. » Elle publie un roman par an, des livres résilients, qui font du bien aux lecteurs, avec des mots qui guérissent.

Quand elle n'écrit pas, Sophie Tal Men dirige le service de neurologie de l'hôpital de Lorient. Dans son métier de médecin, la parole est partout : auprès des patients, de leur famille, et de l'équipe qu'elle conduit. « On est celui qui prescrit. Pas celui qui donne des ordres, mais plutôt celui qui guide. Il y a un ton à donner dans la direction de son équipe pour instaurer une autorité douce. Avec les patients et les proches, il faut chercher le bon ton, la bonne ambiance pour diminuer le stress, afin de préparer les annonces. »

La jeune quadragénaire n'a pas été vraiment formée à la prise de parole lors de ses études de médecine. Tout juste y avait-il ce groupe de parole en quatrième année de faculté. « Nous exposions nos difficultés rencontrées à l'hôpital, sur des cas compliqués d'un point de vue médical, mais surtout sur le plan relationnel. Le rapport avec le patient n'est pas un échange de la vie de tous les jours, et nous ne sommes pas vraiment préparés à ça. » Il faut faire preuve de beaucoup de psychologie, et ça, cela s'apprend surtout par l'expérience.

« C'est une parole de mauvais augure, j'annonce rarement de bonnes nouvelles aux malades qui arrivent dans mon service, c'est une parole de couperets qui tombent. Je dois faire face à beaucoup d'émotion, me montrer enveloppante mais pas trop, je dirais plutôt présente. » La parole médicale se dose, en fonction des degrés d'évolution de la pathologie. « Quand il n'y a plus d'espoir, il faut savoir amener petit à petit la mauvaise nouvelle, il s'agit d'une vérité qui n'est pas audible, ni pour les patients, ni pour les familles. Parfois, nous devons faire face à des murs, les gens sont dans des états émotifs tels qu'ils sont incapables d'intégrer la réalité. Je pense par exemple à cette fille fusionnelle avec sa mère qui avait fait un AVC gravissime : elle allait décéder dans les heures ou les jours à venir, mais le moindre clignement de paupière était interprété par la fille comme un signe que sa mère allait s'en sortir. Elle a mis plusieurs jours à accepter le deuil à venir. J'ai respecté son rythme, si j'avais été plus directe, elle aurait vécu mes mots comme un affront, elle se serait braquée. »

La neurologue trouve que la parole est plus difficile avec les familles qu'avec les patients. « Nous sommes projetés dans l'intimité d'une famille, dans ses fonctionnements très spécifiques, avec des proches très fusionnels avec le malade ou au contraire très distants. Il faut composer aussi avec les cultures, les religions, l'instruction… » Sophie se souvient d'un jeune homme de dix-huit ans issu de la communauté des gens du voyage, illettré et bercé de superstitions, qui ne voulait pas entrer dans l'IRM sous prétexte que le diable allait venir. « Je me demandais comment j'allais réussir à faire mon diagnostic et surtout comment l'amener à prendre son traitement. » Pour se sortir de situations compliquées, la neurologue cherche à trouver le référent dans une famille, celui qui sera à même de répandre la parole. « Ce ne sont pas forcément les enfants, il faut trouver la personne qui fera circuler le mieux les informations. » La cheffe du service de neurologie doit parfois composer avec des personnes mal intentionnées, « qui viennent avec des papiers de notaire à faire signer par la personne en fin de vie, nous sommes là pour protéger nos patients. Parfois, nous devons dire stop avec fermeté ».

Avec les patients, il y a également des situations où la parole se fige. « Avec les aphasiques, et ceux qui souffrent de troubles de la compréhension, il faut savoir accepter qu'on ne puisse être compris, que le dialogue n'ait pas lieu, une parole gestuelle s'instaure alors. Cela passe par les sourires, les regards, des gestes lents et rassurants. » Quand il y a une annonce à faire, Sophie veille à asseoir le patient, afin qu'il ne soit plus allongé face au médecin debout. « Ainsi, je me mets à sa hauteur, par ailleurs, j'aime qu'il soit entouré d'un proche et être de mon côté accompagnée d'une infirmière qui va prolonger la parole une fois que je serai sortie de la chambre. »

En neurologie, les maladies sont complexes, le vocabulaire, hermétique, peut être incompréhensible pour les patients. « Le jargon est très technique, il faut s'adapter à des interlocuteurs qui ne le maîtrisent pas, les mots de la médecine sont souvent très anxiogènes ; je veille à utiliser un vocabulaire simple afin de bien me faire comprendre, et à ne pas être angoissante dans mes propos tout en ne donnant pas de faux espoirs. » Dire que c'est la fin sans prononcer certains mots tabous : cancer, mourir, mort, souffrance, douleur, mal. « Je n'emploie jamais de mots brutaux, car après le patient n'entend plus rien. » Elle déploie des périphrases, des formules valises qui atténuent le drame. « En médecine, on ne peut pas prédire avec certitude l'avenir et heureusement... » ou alors « Ça n'évolue pas dans le bon sens ». « Je ne dis jamais : "Ça va bien se passer", mais je rappelle que toute l'équipe, du médecin à la femme de ménage, est là pour le bien du patient, et à l'écoute de la famille. Nous sommes également présents pour les déculpabiliser de ne pas avoir appelé le 15 plus tôt ou perçu à temps les signes avant-coureurs d'une pathologie. »

Elle accompagne souvent les mots du toucher. « Hors période Covid, je pose une main sur le bras, cela rassure. » Il arrive à Sophie de faire des consultations sans blouse, consciente de « l'effet blouse blanche » qui perturbe l'échange. « La blouse blanche agit sur la tension et le stress », reconnaît-elle. Durant sa carrière, la neurologue a dû parfois essuyer des oppositions de la part de certains patients, parce qu'elle était une femme. « Quand j'étais jeune cheffe et mon interne un homme, j'étais souvent prise pour l'infirmière ! Ce n'est pas facile pour certains patients âgés et venant d'un milieu rural d'être soigné par une femme, je devais alors faire preuve d'une douce autorité, montrer que je détenais le savoir et que j'étais légitime. De même, j'ai appris à recadrer et interrompre la parole du patient lors des interrogatoires pour amener au diagnostic. Parfois les gens partent dans tous les sens ; j'apprends à mes étudiants à couper, à ne pas passer des heures dans une chambre pour en sortir embrouillés. »

La crise sanitaire a fait émerger une conception complexe de la liberté d'expression du médecin. On n'a jamais autant entendu les médecins, ils étaient partout, sur les plateaux de télévision et sur les ondes, dans les journaux, une parole à la fois rassurante et dont on se méfiait. « Beaucoup de confrères parlaient à tort et à travers, ne sachant pas grand-chose sur le virus ; il faut dire que nous n'avions que très peu de bases médicales, nous avons appris une nouvelle maladie au fur et à mesure. Au début, la parole médiatique des médecins s'appuyait sur peu de documentation. Prédire était très difficile. »

Et puis il y a eu la séquence Raoult. « C'est un showman, dans les drames les gens cherchent des gourous pour se rassurer, il a joué là-dessus. C'est ainsi que sa parole a pris de l'ampleur, alors qu'il est décrié parmi ses pairs. En règle générale, je trouve que la parole des médecins à la télévision est démagogique, et cela me gêne, nous exerçons un métier où il est facile d'abuser de nos pouvoirs, j'en suis consciente, nous devons être vigilants. De par mon activité de romancière, j'ai une exposition publique, mais je fais la part des choses, je ne suis pas la sauveuse de la planète, je suis une neurologue d'un hôpital de province. » La parole médicale peut apaiser, mais pas faire des miracles.

Sauvetage, mode d'emploi

Du fait de la pandémie de Covid-19, la parole médicale est devenue un enjeu à la fois public et planétaire. Auparavant cantonnée à des cercles spécialisés et des colloques de sociétés savantes, elle s'est déversée sur les plateaux de télévision, et des médecins qui depuis des dizaines d'années exerçaient dans l'anonymat au chevet de leurs patients sont brusquement devenus de véritables stars cathodiques, des oracles consultés en permanence, des pythies en blouse blanche.

La parole médicale a longtemps fait l'objet de railleries. Des médecins de Molière (« Le poumon ! ») au Docteur Knock de Jules Romains (« Ça vous grattouille ou ça vous chatouille ?), les médecins pontifient, s'écharpent dans un jargon nébuleux, ésotérique et cabalistique qui ne cherche qu'à masquer leur charlatanisme. Mais on était là dans le registre humoristique de la caricature théâtrale.

La crise du Covid-19 a donné une tout autre ampleur à ces travers, puisqu'ils se sont répandus sur la place publique. La science, que l'on croyait unie, certaine et fiable, a étalé ses controverses, ses incertitudes et ses doutes à la face d'un monde médusé. La confiance en une science détentrice de la vérité et salvatrice a été sensiblement écornée. Ainsi donc, la parole scientifique n'échappait pas au relativisme, aux guerres de chapelle, aux anathèmes, aux conflits d'intérêts réels ou supposés. Contaminée par les travers de la parole politique, elle n'a pas échappé à la langue de bois et à la démagogie, à l'invective et aux stratagèmes rhétoriques qui ont été mis en œuvre dans la gestion de la crise sanitaire.

Parmi ceux-ci, l'attaque *ad hominem*, voire *ad personam* (l'argument *ad hominem* consiste à opposer à son adversaire ses propres actes, l'argument *ad personam* consiste à l'attaquer personnellement, sur des faits sans rapport avec l'objet du débat : « X n'est pas crédible car il a des conflits d'intérêts » versus « X n'est pas crédible car il travaille dans un laboratoire parisien »). Mais aussi la stratégie dite d'empoisonnement du puits, consistant à décrédibiliser un adversaire en discréditant d'une façon générale tous ceux qui pourraient vous apporter la contradiction (« Ceux qui disent l'inverse sont vendus à l'industrie pharmaceutique »). Ou encore celle du tiers exclu, qui consiste à présenter un choix comme binaire, alors qu'une troisième voie pourrait exister (« Soit l'obligation vaccinale, soit le reconfinement »).

La crédibilité de la parole scientifique s'en est trouvée d'autant plus atteinte qu'elle était, d'un point de vue rhétorique, le domaine d'élection d'un des arguments les plus difficiles à contrer : l'argument d'autorité. On appelle ainsi l'argument par lequel l'orateur appuie son propos sur une référence tierce qui, précisément, fait autorité. Ce faisant, l'orateur béotien emprunte à la fois la compétence et la légitimité de celui qu'il cite. Son contradicteur ne pourra réfuter l'argument qu'en remettant en question la valeur de l'avis du spécialiste ainsi convoqué.

Puisque la malléabilité de la langue lui permet de s'adapter au réel, la pandémie a été l'occasion du surgissement de mots nouveaux : patient zéro, clusters, antivax, déconfinement, non-essentiel, gestes-barrière, distance sociale, coronavirus, cas contact, comorbidités, variants, immunité collective. Parmi ces termes, évidemment, le mot « soignant », qui présentait de multiples intérêts. D'abord, celui de rassembler sous un même vocable l'ensemble des personnels de santé quel que soit leur titre. Ensuite celui d'être un terme d'action : le soignant est « en train de soigner ». Enfin celui d'être un terme positif renvoyant à l'attention à l'autre. La rhétorique martiale employée autour du terme de « guerre » était tout aussi signifiante. Elle traduisait d'une part un embrigadement collectif (qui ne participe pas à une guerre est un déserteur), d'autre part le fait que les « soldats » acceptaient le risque de la mort (ce que n'ont, évidemment, jamais accepté les médecins), et enfin que les risques pris au « champ de bataille » n'appelaient d'autre récompense que des applaudissements et des médailles.

Il demeure que cette parole, même malmenée, nous sauve. Elle nous sauve de la solitude dans la souffrance, elle nous rassure dans l'inconnu, elle nous accompagnera dans les moments ultimes. Elle sera probablement la dernière que nous entendrons. Des mots, pour panser des maux.

On joue !

Respirez, vous êtes sauvé

Sans être un expert des questions de respiration, je mesure combien elles sont déterminantes à la fois pour diminuer l'anxiété avant la prise de parole et pour permettre une parole pleine, riche et sans fatigue dans la durée. La respiration adéquate pour la prise de parole en public est la respiration ventrale (par rapport à la respiration thoracique ou claviculaire), que l'on trouve simplement en posant la main sur le ventre pour le sentir se gonfler à l'inspiration et se dégonfler à l'expiration, à chaque fois très lentement (en comptant jusqu'à 10). Il est important de respirer ainsi avant la prise de parole. Ce temps d'attente permet aussi de s'assurer que le public est attentif. Pendant la prise de parole, ne vous mettez jamais « dans le rouge », ménagez des temps de respiration qui serviront aussi de transition entre vos idées.

La parole sauve de la soumission : Guillaume Meurice, le rire irrévérencieux

Portrait

Il arrive l'air espiègle, le sourire au coin des lèvres, un chapeau de fou du roi sous le bras. Il sort du *Moment Meurice*, l'un des rendez-vous phares de l'émission *Par Jupiter !* sur France Inter. Pour écrire cette chronique escarmouche, Guillaume Meurice écume les marchés, les foires, la salle des Quatre Colonnes de l'Assemblée nationale, les salons professionnels, les lieux publics, et il tend son micro. Ainsi, quatre fois par semaine, il recueille une parole brute, une parole qui fait parfois mal aux oreilles, la parole du réel. « La parole que j'entends depuis huit ans me surprend toujours. La réalité est plus forte que la fiction. Nous avons, en tant qu'êtres humains, une tendance naturelle à répéter des discours, à donner notre opinion sans y avoir vraiment réfléchi. »

L'impertinent Guillaume Meurice a une forte conscience du pouvoir du rire, le rire qui permet de brasser large, le rire qui rassemble ou qui clive, qui apaise autant qu'il fâche. L'humoriste est passionné par les relations entre le rire et le pouvoir. À tel point qu'il s'est penché dans un roman, *Le roi n'avait pas ri*[1], sur la figure du bouffon en général et de Triboulet en particulier. Difforme, bossu et nain, il fut le bouffon de Louis XII et François 1er. On sait peu de choses sur cet homme brillant et disgracieux évoqué par Rabelais dans *Le Tiers Livre* et personnage principal de la pièce de Victor Hugo, *Le Roi s'amuse*. Ce qui intéresse Meurice avec Triboulet, c'est la figure de l'amuseur public qui teste à chaque instant les limites de sa liberté. Après s'être moqué d'une maîtresse de François Ier, il fut condamné à mort ; sommé de choisir son mode d'exécution, il eut ce trait d'esprit : « Je demande à mourir de vieillesse. » Le roi, sans voix, commua sa peine en bannissement.

Guillaume Meurice, lui, ne risque pas sa peau à chaque bon mot, mais le parallèle entre le fou du roi et l'humoriste tombe sous le sens. « Le bouffon avait le droit de railler ouvertement le roi, mais il lui

---

1. Guillaume Meurice, *Le roi n'avait pas ri*, JC Lattès, 2021.

devait aussi son existence. Aujourd'hui comme hier, le pouvoir a intégré sa critique à sa propre structure. Je passe mon temps à dénoncer les rapports de force que chacun subit au quotidien, mais je ne peux le faire que dans des médias qui appartiennent essentiellement à des milliardaires, à l'État ou aux GAFA. C'est cette zone grise que je voulais explorer dans ce livre à travers ce personnage. À quel moment a-t-on l'impression de cautionner une structure de domination que l'on conteste ? De son côté, le pouvoir aussi entretient une ambiguïté avec le rire, car il s'en méfie, cherche à le cadrer en permanence. Il a compris son imprévisibilité et sa force. En une blague, on peut déboulonner des statues. Personnellement, la seule garantie que je demande à un média est de pouvoir dire ce que je veux de la manière dont je le veux. Pour moi, cela n'est pas négociable. »

Cet art de la répartie, de la réflexion et de la joute, Guillaume Meurice l'a façonné dès l'enfance, dans la maison de la presse que tenaient ses parents à Jussey (Haute-Saône). Il y avait toujours du passage, Guillaume adorait cela. « Les gens venaient pour parler de politique, dans une bonne ambiance, mon père adorait les débats. Moi je traînais là, j'écoutais, c'était un lieu de grande liberté d'opinion. » Au collège, puis au lycée, il a la parole facile pour amuser les autres, mais sur le plan scolaire, il n'a rien d'un cancre. « J'étais un timide puis j'ai compris qu'on pouvait faire rire grâce à la parole, alors j'en ai un peu usé. C'était d'ailleurs assez agaçant pour les profs. » Plus tard, il passe un DUT de gestion des entreprises et des administrations avant d'intégrer l'IEP (Institut d'Études Politiques) d'Aix-en-Provence. Il renoue vraiment avec l'aisance oratoire au cours Florent, à Paris. Il fait du théâtre non par vocation mais « pour voir ce qui s'y passe », et comme il ne sacralise rien, il se dit qu'il fera autre chose si cela ne fonctionne pas. Sur les planches de la célèbre école de théâtre, il est touché par le discours de certains professeurs, en particulier celui de Julien Kosellek. « Dès le premier cours, il avait dit qu'il ne nous apprendrait pas à jouer correctement, mais qu'il pouvait faire de nous des acteurs intéressants en développant notre singularité. Ce côté rentre-dedans résonnait bien en moi. J'aimais bien l'exigence. Il avait compris assez tôt que je voulais être dans le registre de l'humour, mais il me faisait quand même travailler des trucs costauds comme du Shakespeare et me laissait présenter du Élie et Dieudonné. »

Depuis qu'il officie sur France Inter, notre « fou du roi » contemporain n'a jamais été rappelé à l'ordre. La seule fois où sa parole a été censurée c'était sur Canal+. « J'ai fait une seule chronique là-bas. Pour celle qui devait être la deuxième, la chaîne m'avait interdit de passer un dessin de Charb à l'antenne, en janvier 2015, juste après les attentats. » S'il avoue ne jamais s'autocensurer, Meurice se fixe des limites, celles de la loi (l'injure publique, la diffamation) et de la vie privée, « sauf si l'homme politique utilise ce biais médiatiquement, et la met en scène ». « En revanche, l'idée du "mot de trop" est intéressante selon là où on se place. En dehors des lois évoquées précédemment, les limites sont essentiellement celles du spectateur, l'exemple le plus répandu étant celui des religions. Mais il y a autant de limites que de spectateurs. C'est pour ça que je pense qu'un humoriste ne peut ni ne doit en tenir compte. »

Dans cette période où les identités se crispent, où l'on craint de heurter les minorités de toutes sortes, le comique s'interdit de modérer sa parole en fonction des susceptibilités des uns et des autres. « Ce qui est compliqué avec l'humour, comme dans bien d'autres domaines, c'est de juger l'intention, de comprendre d'où parle la personne. Ainsi une blague misogyne n'aura pas le même impact dans la bouche de Jean-Marie Bigard ou dans celle de Pierre-Emmanuel Barré. » La parole de l'humoriste est donc pour Meurice une défense plus qu'une attaque. « Si je fais une blague, par exemple, sur Nadine Morano, c'est parce qu'elle tient un discours oppressif et non pour me moquer de la personne en elle-même. »

L'aisance oratoire de Guillaume Meurice est très travaillée, même s'il se refuse à employer le terme de « travail » pour qualifier ce qu'il fait. « Oui, j'ai du mal à dire travail, je ne peux pas mettre sur le même plan celui qui fait des blagues et la femme de ménage qui se lève à 5 heures du matin. Je préfère dire que j'y passe du temps. J'arrive en studio avec le texte le plus carré possible, ce qui permet d'avoir l'aisance d'improviser dessus au besoin, si une idée me vient en direct. »

S'il n'est encarté dans aucun parti, sa conscience politique penche indéniablement à gauche et il vit le rire comme une mise à distance du réel, qui lui donne l'impression de le maîtriser. Ainsi, la parole humoristique permet « de ne pas subir, oui c'est ça, si la parole chez moi sauve de quelque chose, c'est bien de la soumission ».

Sauvetage, mode d'emploi

Le degré d'acceptation de la critique humoristique me paraît être un bon indicateur de la vitalité démocratique d'un pays. L'humour reposant sur l'autodérision, consentir à rire de soi, ne pas prendre les mots au pied de la lettre, savoir distinguer le premier du second degré, ne pas faire un absolu de ses croyances et de ses convictions, accepter qu'elles soient raillées constituent les conditions d'une vie en société reposant sur la tolérance et l'acceptation des différences. Tel est le sens de la définition de la comédie gravée au fronton des théâtres : « *Castigat ridendo mores* », elle corrige les mœurs par le rire.

À cette aune, on ne peut évidemment qu'être préoccupé par les hypersensibilités croissantes de tous ordres qui contraignent le travail des humoristes, quand elles ne les exposent pas à des risques pour leur vie. Dans le terme même de caricature, dont l'étymologie désigne une carriole (que l'on charge, donc), il y a le pacte qui lie le dessinateur ou l'humoriste au spectateur : ce qui est dit ou représenté n'est pas la réalité, le trait est forcé pour susciter le rire. Si ce pacte implicite est rompu, aucun rire et donc aucune vie sociale ne sont possibles. Il en va de même pour les romans, et c'est ainsi que s'est développé aux États-Unis le métier de « *sensitivity reader* », qui consiste à lire un roman dans l'optique de tel ou tel groupe minoritaire, pour déterminer avant sa publication si rien ne pourrait y être vu comme choquant, blessant ou stigmatisant pour ce groupe. Cette incapacité à distinguer la fiction de la réalité, cette promptitude à se proclamer victime pour demander attention, protection et réparation rendent la tâche des humoristes – et des universalistes – de plus en plus délicate.

La question soulevée par Guillaume Meurice est, aussi, celle du rapport entre l'humour et le pouvoir. D'abord, il est certain que l'exemple de Triboulet est l'une des meilleures illustrations historiques d'une parole qui sauve : littéralement, par un bon mot, Triboulet a échappé à la mort à laquelle il était promis. Mais au-delà, c'est la figure même du bouffon, ce persifleur officiel, qui est paradoxale. Peut-on être payé par quelqu'un pour se moquer de lui ? Ce rapport pécuniaire n'altère-t-il pas la liberté de ton du brocardeur ? L'humoriste habilité n'est-il pas dans la position de l'esclave qui, dans le triomphe romain, tenait la couronne de laurier au-dessus de la tête du triomphateur tout en lui répétant à l'oreille : « Tu n'es qu'un homme » ? Guillaume Meurice, qui est certes peu suspect de complaisance, assume pleinement cette situation, dont il indique qu'elle n'entrave en rien sa liberté de ton.

Il demeure d'ailleurs que l'humour peut sauver le pouvoir, en offrant une parenthèse de divertissement, mais en n'allant pas au-delà pour ne pas déstabiliser l'édifice : « On est allés voir un comique, il s'est moqué de nos travers et de ceux de nos dirigeants, ça nous a soulagés, mais nous n'avons pas envie de les renverser pour autant. » La satire, ici, fait partie intégrante de l'exercice du pouvoir. C'est très précisément la fonction du carnaval : permettre, pendant quelques jours, un renversement – en réalité très contrôlé – des hiérarchies sociales afin de laisser s'évacuer les frustrations de la population avant que tout rentre dans l'ordre. Et l'on sait grâce au livre d'Emmanuel Le Roy Ladurie[1] qu'en

1. Emmanuel Le Roy Ladurie, *Le Carnaval de Romans : de la Chandeleur au mercredi des Cendres 1579-1580*, Gallimard, 1979.

1580, à Romans, le carnaval n'a pas pris fin comme convenu, s'est prolongé et a fini par conduire à un massacre des habitants. L'humour peut donc, aussi, être une grenade dégoupillée.

L'utilisation de l'humour par les avocats est une chose délicate. Dès lors qu'on porte la parole d'un client qui vous a confié ses intérêts, que l'on n'est pas là pour se faire plaisir d'un bon mot dont on ne sait jamais s'il va faire rire ou non, et qu'un mauvais trait d'esprit peut perturber le juge et nuire au client, il me semble prudent de s'abstenir. Parfois, c'est le juge qui est facétieux. Ainsi de ce magistrat qui, à propos d'un litige de voisinage impliquant une femme dont les ébats étaient particulièrement bruyants, avait conclu que cette femme ne « respectait pas son obligation de jouissance paisible ».

Et de celui qui avait rejeté les demandes de ce justiciable qui se plaignait du chant du coq de son voisin : « Attendu que la poule est un animal anodin et stupide, au point que nul n'est encore parvenu à la dresser, pas même un cirque chinois ; que son voisinage comporte beaucoup de silence, quelques tendres gloussements et des caquètements qui vont du joyeux au serein en passant par l'affolé ; que ce paisible voisinage n'a jamais importuné que ceux qui, pour d'autres motifs, nourrissent du courroux à l'égard des propriétaires de ces gallinacés ; attendu que la cour ne jugera pas que le bateau importune le marin, la farine le boulanger, le violon le chef d'orchestre, et la poule un habitant de Sallèdes... La cour déboute le sieur R... et le condamne aux dépens, c'est-à-dire, à rembourser les frais de justice dans lesquels il a entraîné ses voisins malgré eux. » L'arrêt sera cassé, les très sérieux conseillers de la Cour de cassation estimant que la Cour d'appel s'était prononcée par des motifs trop généraux...

Parfois c'est le justiciable qui est drôle, à son insu et à son détriment. Ainsi de cet authentique procès-verbal : « Question : Comment puis-je être sûr que c'est votre vrai nom ? Réponse : Je jure. Je n'avais pas juré la dernière fois. » Imparable.

On joue !

Le texte à trous

La répartie revêt toujours un aspect miraculeux. En voici quelques-unes qui m'émerveillent toujours.
À un journaliste qui lui demandait ce que cela faisait d'avoir épousé un grand savant, Marie Curie répondit : « Demandez à mon mari. » Un goujat qui avait dit à Alexandre Dumas, fils de mulâtre : « Vous comptez des singes parmi vos ancêtres », se vit répondre : « Ma famille commence où la vôtre finit. » Et lorsque Otto Abetz,

ambassadeur en France de l'Allemagne nazie, découvrit *Guernica*, qui représente les ravages d'un bombardement allemand sur cette ville, et demanda à Picasso : « C'est vous qui avez fait cela ? », il fut sèchement rembarré d'un : « Non, c'est vous. »
Pourtant, la répartie se travaille. Cette aptitude à répondre du tac au tac peut par exemple être exercée par le jeu du texte à trous. Un joueur commence un texte et le parsème de trous qu'il signale d'un claquement de doigts. À chaque claquement, l'autre joueur doit compléter la phrase. Exemple : « Avant de venir vous voir j'étais ***. J'y suis allé ***. Je suis heureux de vous rencontrer car ***. Il y a un point sur lequel nous sommes d'accord : ***. En revanche je crois ***. Ce qui me rend optimiste, c'est que ***. Je serais curieux de savoir ***. La parole pour moi est ***. Et je voudrais que l'on écoute davantage ***. »

La parole sauve la Nation : le chef de bataillon Nicolas, une voix de la Grande Muette

Portrait

Le commandant Nicolas s'est fait connaître du grand public il y a dix ans. En 2011, alors chef de section au 21e RIMa (Régiment d'infanterie de marine) de Fréjus, le jeune lieutenant racontait dans le livre *Engagé*, coécrit avec le journaliste et écrivain Alexandre Kauffmann, son expérience en opérations notamment au Kosovo, dans la jungle amazonienne et en Afghanistan. Il y partageait ses convictions, ses doutes, afin de nous éclairer sur l'expression « faire la guerre », dans les composantes de son quotidien : vivre loin des siens, rencontrer l'ennemi et le combattre, voir ses camarades blessés, perdre des frères d'armes.

Lorsque nous le rencontrons à Paris, il vient de terminer les épreuves écrites pour intégrer l'École de Guerre (lieu d'étude et de réflexion où se forment les hauts responsables militaires). Nous revenons sur son ouvrage, qui répondait à un besoin de témoigner et d'expliquer les combats menés. « Nous assistions les forces de sécurité afghanes, notre mission consistait par exemple à escorter des convois logistiques, construire des puits, sécuriser le fond des vallées au moment où Hervé Ghesquière et Stéphane Taponier étaient otages. S'il ne s'agissait aucunement d'un concept offensif de guerre, les militaires français qui étaient attaqués se devaient de riposter. Toutes les caractéristiques de la guerre étaient donc perceptibles : la violence, les armes, les blessés, les morts… » L'ouvrage a été relu par sa hiérarchie, « sans que la moindre virgule ne soit touchée », du reste, notre commandant souligne que, durant sa carrière, jamais son expression ne s'est retrouvée entravée de quelque manière que ce soit.

« Quand il s'agit de témoigner, la censure est imaginaire, tant que vous respectez le droit votre liberté est intacte. » La « Grande Muette », périphrase datée de la IIIe République pour désigner l'armée, faisait référence au devoir de réserve des militaires. « Quand j'entends que dans l'armée nous n'avons pas le droit de parler, c'est faux ! Il n'y a pas de curseur, ni de limite de la parole dans l'armée, il s'agit plus d'un devoir de neutralité bien compris que d'une obligation de réserve : dès l'instant que l'on respecte les lois, nous sommes libres de parler. C'est le principe même de la République. »

Alors, l'armée serait donc moins « réservée » qu'on ne le croit ? En effet, il n'existe pas à proprement parler de « devoir de réserve » mais bien d'un devoir de neutralité. Ainsi l'article L4121-2 du code de la défense précise effectivement que les opinions politiques « ne peuvent être exprimées qu'en dehors du service et avec la réserve exigée par l'état militaire ». Par ailleurs, selon les termes de la loi n° 2005-270 portant statut général des militaires, ceux-ci doivent se plier aux exigences « de discipline, loyalisme et neutralité ». S'il est donc interdit aux militaires en activité, dits d'active, d'adhérer à des partis politiques, l'article 5 de cette loi précise que « les militaires peuvent être candidats à toute fonction publique élective ; dans ce cas, l'interdiction d'adhésion à un parti politique prévue est suspendue pour la durée de la campagne électorale. En cas d'élection et d'acceptation du mandat, cette suspension est prolongée pour la durée du mandat. Les militaires qui sont élus et qui acceptent leur mandat sont placés dans la position de détachement prévue à l'article 51 ». « C'est pourquoi nous avons des militaires détachés, notamment parmi les parlementaires, comme Lætitia Saint-Paul, vice-présidente de l'Assemblée nationale. De même, les militaires ont le droit d'être conseillers municipaux dans une commune de moins de 9000 habitants », précise le commandant.

Le commandant Nicolas insiste sur l'importance de la parole médiatique de sa hiérarchie. « L'expérience humaine et de terrain de nos hautes autorités militaires est un atout pour comprendre la complexité géopolitique et le ressort profond des êtres. » Depuis son engagement dans l'armée de terre, à vingt-deux ans, après une maîtrise d'économie et un diplôme de Sciences Po Paris, il manie la parole militaire. Dans l'armée, la parole est omniprésente et le champ d'expression des militaires est vaste : il s'étend du récit d'expériences vécues en opérations, à la pensée stratégique, en passant par l'explication de la singularité du militaire mais surtout fonde la relation de confiance entre supérieurs et subordonnés. « Chacun de ces registres d'expression aborde un aspect du métier des armes qu'il est utile de faire connaître à la Nation », témoigne le commandant.

Tout au long de sa carrière, la parole du militaire est constamment évaluée « sur sa capacité à ce que les ordres soient respectés ». L'officier est par essence un homme d'action, il est aussi nécessairement un homme de communication.

Sur le terrain, la parole se déploie par étapes. « Il y a d'abord la parole liée au raisonnement, à la réflexion, le temps de la préparation des ordres. Nous sommes une vingtaine de personnes, avec des spécialisations, nous devons établir des ordres à partir d'échanges. » Puis vient le temps de la diffusion des ordres. « Là, on distingue trois temps : le "mission brief", "le back brief" et le "rehearsal". Le "mission brief" est le moment où le chef explique à tous la mission commune. Puis le "back brief" suivra. C'est un temps de restitution et d'appropriation des ordres où chacun expliquera au chef la mission qu'il a comprise et posera des questions. Enfin le "rehearsal" permettra à chacun de "jouer" la mission avant de passer dans le temps de l'action. On pourra par exemple utiliser une maquette, une immense caisse à sable pour cela. La parole précède toujours l'action. »

Ensuite, lors des opérations, la parole est présente sous forme de transmission des ordres. « C'est une parole qui doit avoir du sens, l'ordre de "foncer droit dans le mur" ne sera pas exécuté. La parole doit être éclairée par un sens, on explique l'esprit de la mission. Au combat c'est une parole précieuse, la parole du chef a des conséquences car la prise de décision peut entraîner la mort ; la sienne, celle de son camarade, celle de l'ennemi. De même, les ordres de feu doivent être clairs. »

La parole militaire présente également un volet humain. Le chef commande et décide. Dans la difficulté, les regards se tournent vers lui, le commandant Nicolas se souvient avoir donné l'ordre « En avant ! » sous le feu ennemi en étant certain d'être suivi. En appliquant la maxime de son chef de corps « apprendre tous les jours quelque chose à ses subordonnés », il a au quotidien développé la fraternité d'armes et la force morale des femmes et hommes sous son commandement. « La connaissance approfondie de ses hommes permet au chef de réaliser les bons choix au bon moment. Il est celui qui observe, fait parler et écoute. Il suscite la parole chez le subordonné au moment opportun pour entendre ses difficultés. En opération, ce dernier a pu recevoir l'ordre d'ouvrir le feu, être victime d'un objet explosif improvisé ou secourir un camarade blessé. Au combat, le chef donne des ordres clairs, limités et, dans les périodes de calme, une de ses priorités est de libérer la parole de ses subordonnés. Il doit les écouter et les épauler, tant sur les événements tactiques et humains de la mission que dans leur vie personnelle, qui peut avoir des conséquences sur leur comportement au combat. »

S'il n'a pas connu d'exemples d'opérations militaires qui auraient échoué à cause d'une mauvaise communication entre supérieurs et subordonnés, le commandant Nicolas insiste sur l'importance de la parole claire au niveau stratégique. « Par l'accélération de la modernisation des moyens de communication, l'impact de chaque décision est immédiat. Le chef d'état-major de l'armée de terre a diffusé sa vision stratégique pour les dix prochaines années. En s'appropriant son intention stratégique, nous, ses subordonnés, chacun à son niveau, pouvons participer au succès des armes de la France. »

La parole militaire est donc à la fois stratégique, technique et humaine, elle suscite l'adhésion des subordonnés, permet de s'élever par l'effort et préserve la réussite de la mission.

Sauvetage, mode d'emploi

« Il suffit d'ajouter “militaire” à un mot pour lui faire perdre sa signification. Ainsi la justice militaire n'est pas la justice, la musique militaire n'est pas la musique. » L'aphorisme de Georges Clemenceau est célèbre. Mais s'étend-il à la parole ?

On serait, de prime abord, tenté de le croire, tant la parole militaire est spécifique, et représente comme une enclave dans le langage commun. Par la forme, d'abord : généralement raide, minimale, puissante et grave, portée par un orateur en uniforme ou en treillis, c'est une parole qui impressionne. Par sa portée, ensuite : parole unilatérale, hiérarchique, elle ne souffre d'aucune contestation, et s'impose aux subordonnés par le seul fait du grade du locuteur. Par son jargon, enfin, si inaccessible à l'extérieur : « rustique » (très inconfortable), « percevoir » et « réintégrer » (prendre et rendre),

« à l'issue » (après), « foure » (magasin d'habillement du régiment), « OPEX » (opérations extérieures), « ordre serré » (défilé), etc.

La parole militaire peut d'abord – et c'est même sa mission – sauver en temps de guerre. La clarté de l'ordre, sa concision dans des situations de combat où toute digression ou discussion est impossible, son intelligibilité immédiate dans un contexte d'urgence sont une condition de la réussite de la mission. La parole des militaires est donc pour eux une question de vie ou de mort. Ce qui explique aussi que la théorie dite des « baïonnettes intelligentes », qui impose à un subordonné de refuser d'exécuter un ordre lorsque celui-ci est « manifestement illégal », soit appréciée avec une grande pusillanimité : la parole militaire se déploie dans un contexte où la désobéissance ne peut avoir qu'une place résiduelle.

Le monolithisme inhérent à la parole militaire est à la fois sa faiblesse et sa force. Il est sa faiblesse parce que la parole militaire est davantage une parole de statut, de discours, de commandement qu'une parole d'échange et de débat qui pourraient la nourrir ou la nuancer. Il est aussi sa force, puisqu'elle conserve, vis-à-vis de l'extérieur, une unité qui appelle la crédibilité et la confiance – liées également au fait que les militaires ont accepté le principe du sacrifice de leur vie pour la Nation, ce qui en terme d'éthos de l'orateur est évidemment considérable. Que l'on songe à l'appel du 18 juin du général de Gaulle, parole concise et galvanisante, qui a su fédérer : « Le dernier mot est-il dit ? L'espérance doit-elle disparaître ? La défaite est-elle définitive ? Non ! »

Mais l'unité n'est pas l'immuabilité et la rhétorique militaire évolue, en particulier au gré de la transformation de notre rapport à la guerre. Ainsi, au fur et à mesure que croissait notre aversion pour la violence et les ravages du combat, le vocabulaire militaire les a fait disparaître pour se laisser envahir par le lexique médical : on parle désormais d'« intervention », de frappes « chirurgicales », une façon d'euphémiser la guerre.

Et puisque nous vivons le paradoxe heureux d'une armée en temps de paix, la parole militaire est essentiellement mise en avant dans son rapport avec la parole politique. Elle porte alors un enjeu démocratique essentiel. Car lorsque la parole militaire prend le pas sur la parole politique, le putsch menace. Le respect par les militaires de leur obligation de loyauté est donc une façon de sauver la démocratie.

Dans son rapport avec la société – le fameux « lien armée-nation » – l'institution militaire doit également porter la parole, non seulement pour se faire connaître, mais également pour attirer des talents, puisque la fin de la conscription a mis l'armée en concurrence avec les recruteurs civils et tari la manne de main-d'œuvre bon marché que constituait le service national.

Une dernière anecdote. L'armée n'est pas insensible aux exigences contemporaines de maîtrise des codes de l'expression orale. Ce qui m'a valu la douloureuse expérience suivante : donnant un cours de prise de parole en public à de futurs généraux du Centre des hautes études militaires, et proposant un exercice d'improvisation, je m'étais cru autorisé à demander à mon élève son prénom, comme je l'aurais fait dans le milieu civil, pour instaurer un contact plus facile. La réponse est tombée : « Mon prénom, c'est “mon colonel”. » Rompez !

On joue !

Le jeu du dictionnaire

Ce jeu est bien connu, mais constitue une inépuisable source d'enrichissement de son vocabulaire. Le joueur qui a la main choisit dans le dictionnaire un mot complexe et en note la définition sur un papier. Les autres joueurs notent à leur tour une définition du mot, exacte s'ils la connaissent ou farfelue s'ils l'ignorent. Le meneur lit les définitions et chaque joueur vote pour sa définition préférée. Ceux qui choisissent la bonne définition marquent deux points, ceux qui choisissent une mauvaise définition font gagner un point à l'auteur de cette définition. Quelques mots assez efficaces pour une partie : pétrichor, immarcescible, érubescence, acédique, valétudinaire, spicilège.

La parole sauve la démocratie : Gabriel Attal, la voix du gouvernement

Portrait

Nous le rencontrons en juin dans les jardins de son ministère. C'est une fin d'après-midi de mercredi. Il est très détendu. Le mercredi pour Gabriel Attal est pourtant une journée pivot, à la sortie du Conseil des ministres, le porte-parole du gouvernement en fait le compte rendu devant la presse. Et durant la pandémie, sa prise de parole sur les réformes à venir s'ajoutait à ses déclarations sur l'évolution de la crise sanitaire après le Conseil de défense. Bûcheur, habité par son engagement, Gabriel Attal, trente-deux ans, a pris de l'épaisseur médiatique en peu de temps. Il est arrivé très tôt en politique, au cabinet de Marisol Touraine, ministre de la Santé de François Hollande. Puis, l'ex jeune pousse socialiste rallie Emmanuel Macron lors de la création d'En marche en avril 2016. À l'Assemblée nationale, alors élu de la 10e circonscription des Hauts-de-Seine, il rejoint la commission des Affaires culturelles et de l'Éducation où il est désigné coordinateur des députés du groupe LREM. À ce titre, il sera le rapporteur du projet de loi modifiant les règles d'accès à l'université, avec la création de la plateforme Parcoursup. Il a pu ensuite affûter sa parole sur les plateaux de télévision en défendant par exemple le service national universel (SNU) en tant que secrétaire d'État auprès du ministre de l'Éducation, Jean-Michel Blanquer.

C'est d'ailleurs dans la joute verbale que l'homme politique dit prendre le plus de plaisir. « J'aime les débats, j'y participe moins depuis que je suis porte-parole du gouvernement, mais lorsque j'étais député, j'adorais la joute parlementaire. Je garde le souvenir de moments intenses quand j'étais rapporteur de la loi sur les universités et que je devais débattre notamment avec les élus de La France Insoumise. J'ai beaucoup appris dans la parole parlementaire. »

Gabriel Attal a toujours été à l'aise pour prendre la parole en public. Enfant, à l'École alsacienne, ce fils d'avocat faisait partie de la troupe de théâtre, jouait du Molière puis du Brecht, collégien il était délégué de classe chaque année. À Sciences Po, il fuyait cependant les concours d'éloquence, « rien que de les regarder, je me sentais angoissé ». Il s'épanouissait déjà beaucoup plus dans le débat. « Mon premier débat politique était avec le responsable de la section UMP de Sciences Po. Moi j'étais au PS. J'en garde un très bon souvenir. C'est amusant car mon adversaire d'alors est aujourd'hui mon chef de cabinet ! »

Le 6 juillet 2020, l'ancien porte-parole de La République en Marche a succédé à Sibeth NDiaye au porte-parolat du gouvernement. Conscient que c'est un poste à la fois « tremplin » et « échafaud », au regard de l'expérience et du parcours de ses prédécesseurs. En temps de pandémie, être porte-parole, c'est marcher sur un fil, avancer malgré l'incertitude de la crise, être présent sur tous les fronts et tenter de ne jamais trébucher.

« J'étais très présent dans les médias mais je ne pense pas avoir été nommé pour mon éloquence. Je connais mes défauts : je parle souvent trop vite, avec un ton parfois trop monocorde. Mais je suis capable d'aller riposter politiquement, d'aller au combat, je pense avoir été nommé à cette fonction plus pour mon côté fantassin que tribun. »

Aujourd'hui, il est la voix du gouvernement, puisqu'il « porte la parole », il ne la « crée » pas, il la relaie. On peut légitimement s'interroger sur sa marge de manœuvre, sa part de liberté. « Je le vis à la fois comme une contrainte et comme une force énorme. Une contrainte parce que je ne porte pas mes propres dossiers, mes propres projets. Je suis là pour relayer les positions du gouvernement : heureusement, elles rejoignent mes convictions ! Mais c'est également un sentiment de force au sens où c'est moi qui ouvre la bouche, qui prononce les mots. Si je ne choisis pas le bon, je peux créer un incident diplomatique. C'est assez vertigineux. » Par ailleurs, Gabriel Attal a dans sa fonction une belle opportunité de déployer sa parole sur une grande variété de thématiques. « À la différence des autres membres du gouvernement, le fait d'être porte-parole me rend légitime à m'exprimer sur énormément de sujets. » Une parole touche-à-tout en quelque sorte qui lui permet de maîtriser bien des domaines.

Une fonction stratégique à 360 degrés dans laquelle il faut faire preuve à la fois de pédagogie et de conviction. « Ce n'est pas propre à ce gouvernement, c'est l'enjeu de chaque majorité de faire savoir ce qu'elle accomplit. Ma parole doit aider à expliquer le plus clairement possible notre action et les raisons de notre action. Elle doit parler à tous les publics. Mais cela ne doit pas être une parole à plat, il faut s'inscrire aussi dans la riposte vis-à-vis des attaques de l'opposition. »

Selon Gabriel Attal, la parole de conquête du pouvoir est la plus libre mais aussi la plus facile. « Il est plus simple pour les oppositions de s'exprimer librement sur les sujets de sécurité par exemple que lorsqu'on est au pouvoir. Mais moi, je préfère l'exercice du pouvoir à celui de l'opposition, le fait de dire ce que l'on fait concrètement plutôt que ce que l'on devrait faire, en se souciant rarement de la position qu'ils avaient la veille. Certains aiment être dans l'opposition, moi je ne fais pas de la politique pour ça. »

Pour être efficace, la parole politique doit être savamment dosée et diversifiée. « Il y a une forme de principe immuable selon lequel plus la parole est rare plus elle est impactante. Je suis dans une forme de paradoxe, car ma parole doit rester audible et récurrente. Je ne peux pas vraiment parier sur la rareté de la parole. Je parle tous les mercredis à la sortie du Conseil des ministres, et on attend de moi que je sois régulièrement dans les médias. J'essaie de varier le mode de prise de parole. Par exemple, je tente de m'exprimer beaucoup dans la presse écrite, notamment la presse quotidienne régionale. Et même dans ce cas de figures, je préfère parler directement aux gens. Quand je vais en déplacement, je fais souvent des « Face aux lecteurs ». Dans ce moment-là, vous répondez aux questions concrètes et vous vous dites que vous êtes utile. Je tâche de faire au moins une interview écrite hebdomadaire, parce que je considère que la parole écrite permet de poser davantage le propos. » Gabriel Attal affirme ne pas se fixer de limite de cadre pour véhiculer la parole du gouvernement. Et participe volontiers aux émissions de divertissement. « Je suis allé plusieurs fois chez Cyril Hanouna, je ne le regrette pas du tout ; je parlais de sujets sérieux, d'action du gouvernement, il ne m'a pas demandé de me livrer à des sketchs comme il l'a fait pour d'autres invités. Je considère qu'aujourd'hui il n'y a pas de no man's land pour les hommes et femmes politiques en terme de communication. L'essentiel est d'y aller avec un message à faire passer. »

Le benjamin du gouvernement trouve injuste que l'on déprécie la parole politique actuelle. « Je ne crois pas qu'on ait basculé d'un temps lointain des grands et beaux discours à une période des petites phrases qui tirent le débat vers le bas ; il y a toujours eu ce genre de petites phrases, simplement elles étaient peu ou pas médiatisées. » De même, la critique de l'uniformisation de la parole politique est pour lui exagérée. « La singularité est bien présente, elle est incarnée dans chaque gouvernement par des personnalités qui détonnent, comme Éric Dupond-Moretti aujourd'hui ou Christiane Taubira hier. Et à l'Assemblée nationale, il y a de grands tribuns, quand Jean-Luc Mélenchon prend la parole, alors que je suis en total désaccord avec lui sur le fond, je l'écoute, il faut lui reconnaître ce talent. »

Gabriel Attal s'est forgé son goût pour la politique et son engagement en assistant aux meetings de Ségolène Royal en 2007, « c'est la première fois que j'ai été ému par un discours politique ». Puis il y a eu les discours de campagne de François Hollande, dont celui du Bourget en 2012, les interventions fortes de Christiane Taubira pour défendre le mariage pour tous. À l'étranger, il a évidemment vibré devant la campagne de Barack Obama en 2008 et il admire la communication efficace d'Alexandria Ocasio-Cortez, fascinante élue démocrate au Congrès américain. Ses figures inspirantes penchent donc toujours à gauche, est-ce à dire que la parole est plus de gauche que de droite ? « J'ai tendance à penser que ceux qui ont eu à mener dans l'histoire beaucoup de nos plus grands combats politiques étaient de gauche, et que la meilleure arme pour combattre c'est la parole. De là à affirmer que la parole est de gauche… »

Sauvetage, mode d'emploi

Inclure la parole politique parmi les « paroles qui sauvent » apparaît presque incongru à l'heure de la désaffection sans précédent dont cette parole est l'objet. Démonétisée, marginalisée, conspuée, moquée, ignorée, méprisée, la parole politique vit des moments difficiles. Décrédibilisée hier par les « affaires », elle l'est aujourd'hui par une défiance à l'égard de sa sincérité et de sa capacité à avoir une véritable influence sur le réel.

C'est elle pourtant, sans doute, qui a offert les plus grands moments d'éloquence de l'histoire, car si l'éloquence judiciaire peut sauver une personne, l'éloquence politique peut sauver une idée, une nation, voire le monde. La plupart des grands discours présents dans les anthologies sont des discours politiques : Martin Luther King et « I have a dream », John Kennedy à Berlin, le général de Gaulle lors de la libération de Paris, Winston Churchill devant la Chambre des Communes le 13 mai 1940, le « Yes we can » de Barack Obama, le discours de Dominique de Villepin sur l'Irak au Conseil de sécurité de l'ONU. Et rien qu'à la tribune de l'Assemblée nationale, sous la Ve République, Robert Badinter et l'abolition de la peine de mort, Simone Veil et la dépénalisation de l'avortement, Roselyne Bachelot et le PACS, Christiane Taubira et le mariage pour tous.

Pourquoi alors l'éloquence politique serait-elle en berne ?

Les médias et les réseaux sociaux ont évidemment leur part de responsabilité dans cette évolution, puisqu'ils dictent désormais le format d'une parole publique qu'ils ont profondément transformée pour la rendre soit plus creuse, soit au contraire plus caricaturale. Les réseaux sociaux jouent à cet égard un rôle qui s'apparente à un toxicomane : de même que du fait de l'accoutumance les toxicomanes ont besoin de doses toujours plus puissantes pour ressentir les effets de la prise, les politiques ont besoin d'être toujours plus polarisés pour « passer la rampe » des médias.

Mais au-delà du mode de communication, les grands discours politiques étant faits de la rencontre entre un grand orateur et un grand sujet, les causes d'un éventuel déclin sont à chercher d'un côté comme de l'autre.

Au titre des grands sujets, force est de constater que ceux-ci se raréfient. Les enjeux de la politique contemporaine sont extrêmement techniques, comptables, juridiques. Même la pandémie de Covid-19, parce que la parole politique y était dépendante de la parole scientifique et que les exigences de l'action y ont occulté la discussion, n'a pas été un moment particulièrement profus d'éloquence politique. Et puisque l'art oratoire en politique ressurgit lorsque les enjeux sont lourds (autour du terrorisme, notamment), on pourrait paradoxalement se réjouir d'une parole politique qui serait, pour reprendre la belle expression de Marc Bonnant, « un champ de pensées alignées ».

Au titre des orateurs, les qualités personnelles des uns et des autres ne sont pas véritablement en cause (sauf à noter l'irruption en 2017 d'une génération spontanée de députés qui ne s'étaient jamais confrontés au suffrage universel ni par conséquent à l'exercice éminemment oratoire qu'est une campagne électorale). La raison est ailleurs : le système institutionnel de concentration du pouvoir entre les mains de l'exécutif cantonne le personnel politique de la majorité dans un psittacisme servile, de sorte que ces hommes et femmes politiques ne portent pas un message propre, mais relaient un message venu d'ailleurs.

Si l'on postule que l'éloquence requiert à la fois l'expression d'un message et le dévoilement d'une personnalité, force est de constater qu'être une simple courroie de transmission ne confère pas une large marge de manœuvre dans laquelle pourrait se loger l'éloquence.

Les orateurs politiques que l'on retient sont précisément ceux qui ne refusent pas la singularité d'un message et de son expression, et qui font entendre une parole personnelle dans une forme qui leur est propre. Au premier rang de ceux-ci, évidemment, Christiane Taubira, reconnaissable entre mille par ses références, son ardeur, sa spontanéité, la richesse de son lexique, l'élégance de son expression. Voici la fin, qui ne peut laisser indifférent, de son discours à l'Assemblée nationale en clôture des débats sur la loi relative au mariage pour tous, dans laquelle elle s'adresse aux jeunes « qui ont été dans un désarroi profond, immense, qui ont découvert une société où une sublimation des égoïsmes permettait à certains de protester bruyamment contre les droits des autres. (...) Nous leur disons : si vous êtes pris de désespérance, balayez tout cela, ce sont des paroles qui vont s'envoler, restez avec nous et gardez la tête haute, vous n'avez rien à vous reprocher. Nous le disons haut et clair, à voix puissante, puisque comme disait Nietzsche : "Les vérités tuent, celles que l'on tait deviennent vénéneuses." » La parole politique sauve encore et toujours. Elle sauve lorsque les enjeux essentiels du vivre-ensemble sont menacés, lorsque la République est attaquée. Par le débat, même ignorée, même critiquée, même amoindrie, elle préserve le pluralisme de la pensée et la controverse féconde, qui sont la condition et le signe de la démocratie.

On joue !

À la tribune

Imaginez-vous à la tribune d'une assemblée (politique, associative, économique, etc.) et efforcez-vous de la convaincre d'adopter une mesure. Par exemple : le droit de vote à seize ans, l'interdiction des animaux vivants dans les cirques, la suppression des lignes aériennes de courte distance. Pour vous aider, vous pouvez suivre le plan classique d'une ordonnance médicale : le diagnostic (quelle est la situation aujourd'hui dans le domaine visé par votre mesure), le remède (en quoi consiste la mesure que vous proposez), le bénéfice (ce que vous attendez de la mesure).

Conclusion

Nous voilà arrivés au terme de ce chemin de parole et de rencontres. Nos entretiens ont, je crois, révélé des personnalités diverses, mais toutes attachantes, sincères et honnêtes. À aucun moment je n'ai senti quelque chose de feint ou de forcé dans leurs réflexions. Parce que le rapport à la parole renvoie à des questions à la fois émotionnelles, physiques et intellectuelles (c'est le fameux « alignement tête-cœur-corps » qui fait la réussite d'une prise de parole), nos interlocuteurs sont tous allés au-delà des propos qu'ils tiennent habituellement dans les médias pour s'interroger de façon authentique et spécifique sur leur rapport à la parole. Nous les avons vus, au fil de nos dialogues, s'interrompre, réfléchir, revenir, développer. Aucune réponse ne m'est apparue standardisée ou biaisée, et il me semble que nous avons pu accéder à une forme d'intimité et parfois de fragilité, à des confidences inédites et profondes qui peuvent nourrir le parcours de chacun.

Et puisque nos invités ont beaucoup donné d'eux-mêmes, à moi de répondre à la question rituelle que nous leur avons posée. De quoi la parole m'a-t-elle sauvé ? Sans doute d'une vie à sens unique.

Lorsque j'ai découvert les joies de l'art oratoire, j'étais avocat. Je le suis resté bien sûr, car j'aime ce métier, qui est aussi un métier de parole et de conviction. Mais cette rencontre fortuite et si déterminante avec la parole m'a permis de mieux partager mes convictions et mes émotions. Elle m'a aussi permis de découvrir à quel point la transmission allait jouer pour moi un rôle déterminant. J'ai rencontré, en enseignant la prise de parole, des étudiants exceptionnels, brillants, drôles, engagés, sensibles, ouverts, qui donnent un réel espoir en une jeunesse trop souvent stigmatisée, abandonnée ou caricaturée. Beaucoup sont devenus des amis et font partie de ma vie.

La parole m'a aussi nourri d'expériences inattendues et inespérées, mais toutes fructueuses et éclairantes, qui à travers la question de l'art oratoire m'ont permis de porter mes convictions sur l'insertion sociale, sur le dépassement des déterminismes, sur le rôle politique et sociétal de la parole : la participation au film *À voix haute*, que je regarde toujours avec émotion, l'écriture de plusieurs livres, la participation à des émissions de télévision ou de radio, l'invitation à des concours ou des conférences, la contribution à l'élaboration du « Grand oral » du baccalauréat.

De tout cela, je retire deux enseignements. Le premier est que rien n'est écrit d'avance. La prise de parole, qui avait vocation à être marginale dans mon existence, y est devenue centrale. J'en ai été le premier surpris. Jamais je n'aurais cru cela possible. Le second est qu'il faut absolument s'engager, et s'engager sans réserve. Ne pas rester spectateur. Prendre sa part dans l'œuvre collective pour à tout le moins, selon la formule d'Albert Camus, « éviter que le monde se défasse ».

Voilà ce dont la parole m'a sauvé. Voilà ce dont elle peut sauver chacun d'entre vous. Alors dépassez vos inhibitions, vos autocensures, vos images imparfaites de vous-mêmes, vos peurs du regard des autres. Vous n'avez rien à perdre. Vous ne risquez même rien. Laissez la parole vous apprivoiser à votre rythme comme le renard le dit au Petit Prince : « Il faut être très patient. Tu t'assoiras d'abord un peu loin de moi, comme ça, dans l'herbe. Je te regarderai du coin de l'œil et tu ne diras rien. Le langage est source de malentendus. Mais, chaque jour, tu pourras t'asseoir un peu plus près... »

La parole permet de sortir des chemins balisés. Elle est un supplément d'âme qui ajoute de l'intensité à la vie. Ne la laissons pas se sauver : c'est ainsi qu'elle nous sauvera, encore et toujours.

Table des matières

Cet ouvrage a été composé par PCA

Imprimé en France par
CPI BRODARD & TAUPIN (72200 La Flèche)
en septembre 2021

pour le compte des Éditions J.-C. LATTÈS
17, rue jacob – 75006 Paris

PAPIER À BASE DE FIBRES CERTIFIÉES

JC Lattès s'engage pour l'environnement en réduisant l'empreinte carbone de ses livres. Celle de cet exemplaire est de :
450 g éq. CO_2
Rendez-vous sur www.jclattes-durable.fr

N° d'impression : 3044662
N° d'édition : 01
Dépôt légal : octobre 2021